极 简 创 业 法

历培霞　编著

西安出版社

图书在版编目（CIP）数据

极简创业法 / 历培霞编著 . -- 西安 ： 西安出版社，
2024. 11. -- ISBN 978-7-5541-7700-6

Ⅰ . F272

中国国家版本馆 CIP 数据核字第 2024K4W233 号

极简创业法

JIJIAN CHUANGYE FA

编　　著：历培霞

责任编辑：徐　妹

出版发行：西安出版社

社　　址：西安市曲江新区雁南五路1868号影视演艺大厦11层

电　　话：（029）85253740

邮政编码：710061

印　　刷：天津海德伟业印务有限公司

开　　本：690mm×960mm　1/16

印　　张：12

字　　数：140千字

版　　次：2024年11月第1版

印　　次：2024年11月第1次印刷

书　　号：ISBN 978-7-5541-7700-6

定　　价：59.00元

序/言
PREFACE

在充满机遇与挑战的现今，创业的浪潮愈发汹涌澎湃，如同一股不可阻挡的时代洪流。创业者如雨后春笋般迅速出现，创业大军开始不断地发展壮大。大家满怀着对未来的无限憧憬与殷切期待，带着一往无前的勇气和对未来发展的迷茫开启了这扇希望能为自己带来成功的创业之门。

创业，毋庸置疑是一趟充满未知和惊险的冒险之旅，但创业者们为了自己内心深处那份对个人梦想的不懈追求以及想改变世界的决心，毅然决然地踏上了这趟旅程。但在此之前我们要清楚的认知一件事情，创业并非一次短暂的奇思妙想，而是一场艰苦的如建造长城般的长期战争，更是一场需要对自身潜力不断挖掘与超越的勇敢者游戏。在创业初期，创业者要规划好长远的目标，做好打持久战的准备，并且需要自己勇敢地迈出第一步，义无反顾，百折不回。

而在这条漫长且充满未知与变数的道路上，无数怀揣着激情与抱负的创业者们，常常因初涉此局，经验不足而陷入迷茫与困惑之中。面对错综复杂、瞬息万变的市场环境，面对日益激烈、层出不穷的竞争压力，面对接踵而至的重重困难和艰难抉择，他们往往感到孤立无援，如同在茫茫大海中失去方向的船只，不知该驶向何方。

正因如此，我们怀着满腔的热忱与高度的责任感，精心编撰了这本书。

旨在为勇敢踏上创业之路的创业者们提供指导和支持，帮助大家在创业的每一个阶段都能做出明智的决策，避免常见的陷阱，从而提高创业成功的可能性。

希望它能成为您创业之路上一直伴您前行，陪您度过各种困苦艰险的拥有渊博知识、经验丰富的创业导师，能够在您深陷困惑、犹豫不决之时，以其独到的见解为您答疑解惑，指引迷津；在您即将跌倒、遭遇挫折的关键时刻，毫不犹豫地给予您坚定有力的支撑，助您重新站稳脚跟，继续奋勇前行。

在本书中您将学习到关于创业的各个领域的知识指导，汲取其中宝贵的经验和凝聚着智慧光芒的结晶。从对市场动态的敏锐洞察到创新独特的商业模式构建，从团队构建的精心选择与组建到高效有序的团队管理策略，从资金筹集的多元渠道与创新策略到资金运用的合理规划与风险控制等诸多关键环节，我们都进行了详尽而深入的剖析，力求为您呈现一幅全面、清晰、实用的创业蓝图。

我们深知，创业之路没有千篇一律的固定模式和一蹴而就的捷径。每一个成功的创业故事背后，都有着独特的背景、机遇和努力。但我们坚信，通过这些实用的指导，能够帮助您在创业的征程中最大限度地避开弯路，减少不必要的挫折。让您能够以更清晰明确的思路、更果敢坚毅的决心，去迎接一个又一个挑战，自信地拥抱那来之不易的成功。

愿每一位怀揣创业梦想的勇士，都能在这片广阔无垠、充满无限可能的天地中，找到属于自己的璀璨星辰。希望你砥砺前行，用无畏的勇气、不懈的努力书写出属于自己的辉煌创业传奇！

目/录
CONTENTS

第一章　创业前期的认知与准备

　　行业的认知与选择 / 002

　　创业的企业形式 / 015

　　创业的起步策略 / 021

　　创业的筹资手段 / 029

第二章　了解所处环境让你创业更简单

　　环境塑造创业英雄 / 032

　　铸造自己的创业"小港湾" / 041

　　不可不知的创业优惠政策 / 046

　　七大创业法则 / 051

第三章　找到自身优势，创业更轻松

　　自身优势决定你干什么 / 058

　　项目的确定与考察 / 066

　　创业前你要干什么 / 079

　　如何降低创业风险 / 087

第四章　利用风险投资创业

风险企业家需要具备的素质 / 094

如何选择风险投资 / 101

商业计划书的写作 / 107

与风险投资家打交道的技巧 / 118

第五章　遵守戒律，让创业少走弯路

慎重投出第一笔创业资金 / 130

凡事预则立，把握创业先机 / 136

没有完美的创业方案 / 141

创业初期需要注意的五种不良倾向 / 145

第六章　打好根基，迈出创业的第一步

好高骛远要不得 / 150

稳定很重要，尝试"模仿"别人 / 155

用悟性把握商机 / 158

寻找最佳的经营方案 / 161

生意兴隆七绝招 / 164

十四种竞争手段 / 167

成功经营的十大规则 / 172

永远的忠告：打好创业的根基 / 176

判断事业成功的几个标准 / 181

第一章

创业前期的认知与准备

　　《论语》有云："工欲善其事，必先利其器。"如果你想要进行创业，那就要首先了解关于创业的必要的基础知识，不然就会如无头苍蝇般盲目行动，那创业也就无从谈起。因此请务必静下心来认真学习，这样才能让你在创业时少走弯路，让自己平稳地迈出创业的第一步。

行业的认知与选择

越是容易进入的行业，越容易被淘汰；越是热门生意，越容易摔跟头。记住这样一句话吧：只有赔钱的老板，没有赔钱的行当；只有疲软的商品，没有疲软的市场。

一、选择你感兴趣的行业

独立创业的最大好处就是拥有随心所欲地选择自由，即选择自己所热爱的行业的自由，正是这种自由使自我创业所遇到的艰难坎坷没有白费，尽管注定会遇到困难和挫折，你还是义无反顾地追求自己情有独钟的事业，因为你能够从中发现自己的价值，找到自己的目标。

选择什么行业是你创业初期面临的最重要抉择之一。因此，要选择能为你带来成就感和目标感的职业。世界上有很多不幸是由于工作中的不顺心酿成的。工作上的不满情绪往往波及个人生活，影响积极性。这就是为什么要选择自己感兴趣的行业的原因，而且这也使你对自己、对事业都充满信心。所以说，选错行业不仅浪费时间，还浪费生命。

在决定你的私营公司进入某个行业时，你很有必要问自己这样一个问题：

"在这个世界上我适合做什么事情，我又想做什么事情？"

当家人、朋友苦口婆心的建议不绝于耳，自己对自己又心存顾虑时，这个问题就会让自己不再那么迷茫。很多时候，我们转向了被认为"安全稳定"的行业。有时，别人总是从一开始就打消了我们创业的热情和想法。

选择干哪行并不容易，在对未来迷茫时期尤其如此。有些人工作半途被解雇，他们可能急于回归到就业大军里，因而饥不择食地抓住眼前的第一个机会。而财务危机使另一些人急功近利，一心挖掘快速致富的路径和方法。而抵制这些压力、在一头扎进这些泥潭之前认真反思、面对自己的内心就显得极为重要。

事实上，在当今社会瞬息万变、裁员风行以及注重发掘外部人才的经济形势下，并没有绝对"安全"的行业可言，当前的形势变化莫测，今天绝对有把握的事明天就成了过眼烟云。信息时代的到来对于整个经济形势都产生了深远的影响。像在大学教书和在政府部门供职这样安全的行业也破天荒地经历了裁员危机。全球经济以及科技的突飞猛进使得所有行业产生了瞬息万变的经济形式，即使是IBM这样的电脑巨头也面临解体的危机，以至于不得不进行业务的缩减和打破了其几十年来奉行的不裁员政策。

既然任何行业都前途未卜，我们就不必再感到迷茫无措，尽量选择自己发自内心喜爱的行业和工作。毕竟如果你开办的私营公司进入的行业，你根本毫无兴趣，也就难以保证有足够的热情和专注力去创造性地开展工作。

二、选择你最熟悉的行业

究竟要经营什么行业为好？通常并不是凭创业者的主观愿望所能完全决定的。这是说，并非创业者自己想干什么，就一定能干得了的。还要考虑创业者本身的经验学识与财力物力，以及社会需求等条件。基于此，再在你内心喜爱的行业中，选择那个你最熟悉的行业。

曾经有过这样的事情，有两位分别叫迈克和维托的意大利人，合伙在纽约开办了一间汽车修配厂，生意做得相当成功。但时间一长，两人便感到厌烦了这类工作，不久，两人干脆卖掉了汽车修配厂，来到了迈阿密。在迈阿密两人发现自从地产热在此兴起之后，一直长盛不衰，甚至还有愈演愈烈的趋势，于是认为"混凝土预制件"这门生意会很有前途，两人便用自己的积蓄将一家生产建筑材料的工厂股权买了下来。可是，他们两人都是建筑行业的"门外汉"，既不懂建筑，也不懂施工，工厂亏损严重，最后只好忍痛把该厂的股权全部出让，回到纽约重新开办了汽车修配厂。

类似事例在现实生活中也屡见不鲜。因此，当创业者在考虑哪一行业的生意更好的时候，首先要反问自己："你懂得什么？""自己干什么最有把握？"况且，通常也只能是懂哪行干哪行，哪行有把握就干哪行，直至干好为止。

如果你没有选择自己非常了解的行业做生意，那么你奋斗的历程将会变得非常曲折。你不仅要面临一切起步者都要面临的问题，而且你的竞争对手在这一行业中也比你更加专业，比你更有优势。

三、明确三类基本行业

常言道："人怕入错行。"从创业者的角度来说，就是要恰当地确定公司的经营项目和范围。

公司究竟做哪一行生意？恰当的选择，首先要对"行业"分类要有较为详细的了解和认识。随着时代进步，科技发展，社会劳动分工日趋精细，社会上的行业与职业的划分也越来越细。有人曾对美国的行业划分情况作过调查。据统计，现时在美国可以较为明显加以划分的行业（且不说各种行业具体包括哪几种工作）总计将近有1400多种。美国情况如此，相信其他经济发达的国家和地区与其相差不多。但从总的来说，作为基本行业，大体可归纳为三类，现时绝大部分企业，都是以其中某种行业为基础而经营和发展起来的。

1. 研制产品行业

这是泛指把购进的原料加工转变成另一种形式的物品后再出售的行业，例如制造业（手工艺制品）、采矿业、农业、畜牧业、商业、捕鱼和养殖业、食品加工业等，甚至娱乐业也属此类。

2. 替别人销售产品行业

一般指商品流通领域内的职业和工作，例如零售业、批发业等。此行商家们通常无需考虑有关产品设计方面的问题，但却需多加考虑如何具体组织产品销售的问题，在方法上通常可有这样两种选择：

（1）组织销售，即想方设法把所进货品，卖给那些有需要或专门为满足他们某种需求而研制的产品的未来的顾客；

（2）组织进货，即想方设法根据公司已视为目标的销售对象，或有可能成为公司销售对象的需要安排订货，然后再向他们推销。不过，这些选择并非商家们可以随时决定的。有时候亦会涉及某些"地区性保护"或"独家经销"等问题而无法取得理想的货源供应。如果真的遇到这种情况，商家们也只好面对现实，另作其他打算。

有关产品的销售总是在批发与零售这两个层次中进行与实现。

批发指首先大规模进货，然后增加一个合理的价格利润幅度再以较小的批量转售给零售商。

零售指以高于批发商的价格将产品直接出售给消费者或实际用户。

无论对于研制产品的厂商，或是销售别家研制产品的商家，都可以成为批发商或零售商，或同时兼营批发和零售。

3.提供服务行业

这是泛指以经营服务项目的行业和工作，例如洗衣业、咨询业、宾馆业、旅游业等。

时至今日，服务性行业在很多国家中正起到前所未有的重要作用，科技进步会相应增加对有关技术服务项目的需求，现已出现了如汽车、航空、电子、家用电器等各种各样的服务性行业。

在服务行业中，室内装修等要通过某种事先安排之后，才能售给买主。同时，也有些服务项目实际上是为顾客特意制造某种产品，如履历表格、公务名片等。

还有一种常见的情况，就是某些承包装修服务的商家，他们财力有限，没有能力雇聘专职安装人员，于是他们就与其他的安装公司订立包工合同，将安装事项批发给这家安装公司，按合同规定包揽有关安装事宜，从而使购买该项服务的顾客的需求得以满足。类似这样经营服务行业的商家，他们的顾客既可以是需要得到某项服务的实际用户，也可以是专营提供该项服务的生意人，其中有些甚至是规模相当的服务公司。

4.其他行业

当然，把社会上现有的成千上万种职业和工作归纳为上述三种基本行业，仅是进行了大致的分类。有时候，要具体划分某种营业或某家企业（例如餐馆业、出版业等）到底属于其中哪种行业，更为不易。餐馆业有时也大量购进各种现成食品，但通常是作为食品原料，用来烹制成各种佳肴供食客们享用，可算是一种服务性行业。但要是说它属于"研制产品"

或"销售别家研制产品"的行业，也说得过去。至于出版业，有时候，可以把作者的手稿印刷或书刊向读者出售；有时候，也可以代为印刷某种时事通讯或专题报告等文字资料，说它是研制产品或提供服务的行业，都有道理。

四、热门行业的主要特征

热门行业是一个模糊的概念，即使有关专家也不能给出一个精确的定义，但从总体来说，热门行业都具有以下特征：

1.热门行业都是新兴的朝阳产业，具有夕阳产业无法比拟的巨大的生命力，发展迅猛，充满商机。

2.热门行业是顺应市场经济发展潮流而诞生的，符合现今市场的要求，可以满足市场的需求。

3.热门行业的收入水平高。通常，高收入往往与高风险和高投入相对应，不稳定性大大提升。私营公司要介入热门行业必须有成功与失败两种思想准备。

4.热门行业具有良好的发展前景。通常，这种行业是新兴行业或在发明中有新的突破，呈现出诱人的前途。例如，新媒体产业、人工智能产业、生物工程业等。

五、八种热门行业简介

在我国经济体制转轨的过程中，兴起了许多热门行业。要在商业战中有一席之地，一定要开动脑筋，解放思想，拓宽思路，放开视野，鼓足勇气，努力调整和完善自己，尽力抓住一切可能的机会，挑战新兴热门行业。利用新兴热门行业的勃勃生机为自己创造资源。

下面具体介绍几种私营公司可以介入的行业，以便你心中有数。

1. 租赁业

我国的租赁业起步于20世纪80年代初，目前已经有了很大的发展。目前，我国将建立高效的监管体系，为租赁业的健康发展提供有利条件。政府的决策层也将对租赁业给予充分的重视和扶持，这将使租赁业迅速发展。投资租赁业将大有可为。

2. 环保业

在环境保护意识深入人心，拒绝污染观念日益普及的今天，环保产业无疑是名副其实的朝阳产业。

而我国环保产业现今正处于快速发展阶段，展现出强大的生命力和广阔的发展前景。国内环保业整个市场规模也在逐年变大，仍是有着广阔市场的蓝海行业。令人欣慰的是，国家已把环保行业列入优先发展的领域。可以肯定，环保产业将成为我国发展最快的产业之一，投身环保行业定会大有作为的。

3. 中介服务业

事无巨细，无所不能，这是中国传统观念中对全才的基本要求。在以小生产为特征的封建社会时代，上述要求并非不合时宜。然而，时至今日，这一要求在现代人的眼中则是十分不切实际的。对于生活在市场经济时代的现代人来说，术业有专攻才是更为合理的。于是，乘此东风，一个古老而又年轻的行业就应运而生，开始兴起了，那就是中介服务业。事实证明，市场经济的发展必然离不开中介服务业的发展、壮大。尽管从事中介服务业的人只是市场经济的第三者，但却是市场经济不可缺少的。随着中国向市场经济体制的挺进，中介服务业必将越来越繁荣。

4. 信息产业

人类已经进入了全面信息化的时代。与其他产业不同，信息业是生产非物质形态和各种信息符号的产业，它不仅与农业和工业迥然相异，而且与第三产业也有所不同。因此，许多经济学家把信息业称为第四产业。怎样称呼信息业无关紧要，最重要的是大家都看到了信息业中包含了无穷的财富。

在20世纪90年代，全世界信息产业增长速度超过世界经济增长的3倍-4倍，发达国家的信息产业年增长率是传统产业的3倍-5倍，产值占GDP的比重达40%-60%，新兴工业化国家为30%-40%。现今信息通信业已成为全球经济中融合度最高、潜力最大、增长最快的领域。

中国的信息业现今也在迅速崛起，字节跳动一类公司的崛起我们有目共睹，这就意味着，它在未来的时期内还有机会产生迅猛的发展。

5. 文化传媒业

文化传媒业的浪潮早已席卷中华大地，气势汹汹，不可阻挡，许多人靠此发迹。随着物质生活水平的不断提高，人民群众对精神生活的需要也越来越强烈。文化传媒市场的繁荣正是与经济发展的水平相应而生的。

文化传媒业包括许多具体行业，比如广告业。

广告行业是集技术、知识、人才密集型为一体的产业。据统计，2023年中国互联网广告市场规模预计为5732亿元人民币，较2022年增长12.66%。市场经历2022年的结构化调整与资源优化配置后，再次呈现出增长态势，而随着移动互联网、社交媒体等平台的大规模兴起，广告业还会有着更大的发展机遇。

6. 旅游业

旅游业称为无烟工业，正以极快的速度和良好的前景在我国迅速发展。据统计，2023年，国内游客出游总花费4.91万亿元，比上年增加2.87万亿元，同比增长140.3%。其中，城镇居民出游花费4.18万亿元，同比增长147.5%；农村居民出游花费0.74万亿元，同比增长106.4%。

旅游业的兴起、促进了商品经济信息、建设资金、科技和各类人才的流动，推动了交通、电讯、建筑、金融、商业、外贸以及饮食服务业的发展。我国具有巨大的旅游资源，灿烂悠久的历史文化和绚丽多姿的山河风光，吸引着众多国内外游客。但与国际旅游业相比，创汇能力、接待数量与水平、硬件建设等方面，仍有较大差距。随着新加坡、马来西亚等亚洲国家在世界旅游业中收入的位次不断上升，我国旅游业面临更加严重的挑战。同时，随着国内人民经济收入水平的提高，国内旅游业悄然崛起，旅游经济进入繁荣发展新阶段。

旅游业是一个创汇型的经济产业，具有极大发展潜力。

7. 体育产业

体育产业是指为满足人们日益增长的体育需求而使体育产品（劳务）进入生产、流通、消费和服务的产业门类。通过体育赛事，不仅可以吸引全球的关注，还可以带动相关产业链的繁荣。如今，越来越多的人意识到体育锻炼的重要性。

8. 医疗保健业

随着社会的进步和生活水平的普遍提高，人们越来越关心生活的质量。不仅注重了个人作用的发挥以及吃、穿、玩、身体健康、家庭和睦幸福等，而且注重心理健康。目前，健康包括身体健康和心理健康这一观念已深入人心，成为人们的共识。因此，以身体保健和心理健康为内容的保健业也就应运而生，而且会越来越发展壮大。

六、行业选择的禁忌

在选择行业进入市场的过程中，有一些问题是众多创业者起步时常犯的毛病，为了引他山之石，攻己之玉，以下是最普遍的几点禁忌，以供读者借鉴。

1. 视觉狭隘，目光短浅

择业经商，首先要有一个长远规划，站得高，才能看得远，没有长远计划，凡事都凭借一时兴起，终将会落个血本无归、一事无成。现在，有为数不少的创业者，总幻想一夜之间完成资产积累，成为富翁。于是，拼命往那些看来似乎很容易一夜暴富的行业冲撞，如股市、期货交易、数字货币等。结果就有不少人在这些领域中翻了船，甚至无法翻身。无须努力，没有风险，又能赚大钱，世界上不会有这种事情的存在。想要获得成功只有制订一个长远规划，确定一个远大的发展目标，才有可能不为一时蝇头小利所迷惑，不被一叶障目。

要全面系统地分析所选行业长期发展的有利条件和不利因素，或者说，存在哪些方面的机会和威胁。然后，依据上面的分析，做出正确的选择。那些选择起点高、规模大、投资多。周期较长的行业的商家，因为面临的风险也较大，掉头换行又不容易，所以在选择行业前尤其要具有长远的眼光，认真搞好长远规划工作。战场上，军事家就是战略家。商场上，杰出的商人也是成功的战略家。只有从战略的角度审时度势，才能如置身泰山极顶，"会当凌绝顶，一览众山小"。而决不能鼠目寸光，急功近利，就事论事，否则将难有作为。

2.脱离现实

一个人在择业时，首先要有一个长远计划。可有了长远规划的蓝图，还必须从近处着手，从现实着手，才能脚踏实地，不断发展。有一位从12岁就开始写诗的诗人，一直迷恋着18世纪法国贵族沙龙式的艺术氛围。他没有豪华的住宅，没有宽大的客厅，也没有空旷的庭院。于是，他设想开一间书店，一间沙龙式的书店。每个星期举办一次聚会，讨论关于诗、学术书籍等主题。他说服了其他几个朋友，集资在市区的旁边开了一家名为"兰波"的书店。书店的特色引起了记者的兴趣，他们正苦于没有宣传途径。而这样的题材正好用在大众化的媚俗时代坚持自己理念的"英雄"事迹，不愧为一种"坚守精神家园"的象征。于是各种媒体都发布了关于"兰波"书店的话题报道。一时间也吸引了一些文化人，还有不少大学生，来到这里作为聚会的场所。然而，7个月后，"兰波"倒闭了。

它的倒闭在预料之中，因为它的成立和运作建立在一些动听而又虚浮的愿望之上，远离实际生活。首先，"兰波"的经营者没有考虑到适合此书店的一个有钱有闲且很有品位的消费阶层尚未形成，因此不会有固定的收入来源。其次，设店地点选择在郊区，学术讨论可能固然有其魅力，但要求每周坐车那么远的地方，少有人能够坚持。第三，它开在街市中，曲高和寡，难觅众多知音。"兰波书店"败在梦与现实的边界没有分清，现实的东西也许不如梦那般美好，甚至有几分残酷，但现实就是现实，你不遵从它的结果就只能陷入失败的僵局。

3.盲目追随潮流

最初创业经商，往往有点晕头晕脑，眼看着东一阵西一阵的风行，不知该跟随哪阵风跑。这也并不奇怪，跟随大潮当然比较安全，往热闹的地方钻也是人的本性。诚然，这份热闹固然有许多好处，然而，也可能有危险，不是有话说"人多处不一定是好去处"吗？还记得十几年前遍布神州大地的那阵"呼啦圈热"吧！小小的塑料管做成的圆圈，居然使那么多男女老少如痴如醉。呼啦圈热不到四个月就降温了，普通百姓也从此就淡忘了。但是，对于涉足呼啦圈制作与买卖的人来说，至今恐怕还是记忆犹新。最先进货的可能赚了300%，甚至1000%的利润，使一些昨天还是街头叫卖的小商贩一下成为上万上十万的小老板。而后来跟着别人跑的人，有的是入不敷出，有的是血本无归。出现如此大的差别只能怪后者盲目跟风跑，被风甩了还不知道。风的特性是一会儿有，一会儿无；时而东，时而西。聪明的看准风向，见风使舵，可往往还是有人待闻风而动时，风已拂面而去。

曾经的保健品大战，炒房大战……均是跟风所至，损兵折将者大有人在。远离热闹，保持清醒，可能寂寞，但却有一份观察的从容与距离，能够清醒地明白别人在做什么，自己想做什么。有时候，不去凑热闹，可能会为自己赢得意想不到的东西。

4. 不懂装懂，自以为是

"金无足赤，人无完人。"人总是有所长有所短，有所能有所不能。一个人不论如何聪明，他要经商时也同样需要从头学习经商的知识，向他选择行业的专家请教。自以为懂，企图不认真学习而自以为是地干，其结果往往是一开始便倒下来摔了跟头，被迫在痛苦中学习。在行业的选择中，你可能对所选行业的一些具体细节不甚了解；而且这并不局限于你自身的行业，因为现代行商处贾，须涉足众多的专业领域如法律、财会、广告、策划、营销、技术、工艺、开发、设计……而一个人不是全能的，不可能样样精通。

这时候，你需要这方面的专家。你需要做的是对方方面面都有所了解，略知一二；不一定需要熟悉所有的细节，但能够把握一些规律性的东西，能与专家沟通、交流。中国联想集团是中国计算机产业的佼佼者。联想集团的成功原因是多方面的，其中有一点在联想的发展史上是不能抹杀的。那就是联想的创始人柳传志在最艰苦的创业时期，犹如《三国演义》中刘备"三顾茅庐"请诸葛亮一样，诚聘著名科学家、发明家，后来被称为"中国联想微机汉卡之父"的倪光南教授。倪光南教授作为国内一流的计算机专家加盟，使当时还名不见经传，刚起步的小公司有了生机和希望。联想集团十多年发展的历史充分证明，联想的创始人是有远见，有眼光的。因此，现代商人需要专家的辅助，当你遇到不够明确的事时，不要逞强，不妨听听专家的意见，因为，他在专业知识上毕竟比你我懂得多。

创业的企业形式

一、单一业主

单一业主制也称业主制，是历史上最早出现的企业制度形式，也是企业组织最传统、最简单的形式。这种企业制度形式长期以来一直被广泛采用，成了多数创业者企业创立初期的首选结构。在这种制度下，企业的全部资产和产权归属单一的业主所有。这位业主享有的不仅是财产所有权，还拥有对企业经营管理的完全控制权，可以无限制地做出决策，行使经营管理的全部权力。

在单一业主制下，企业的运营通常由业主亲自负责，这意味着业主不仅从企业的成功中获益，同时也直接承担了经营过程中可能遭遇的各种风险。业主对企业盈利享有独占性权益，与此同时，对企业可能产生的债务也承担着无条件的偿付义务。

总的来说，单一业主制作为企业制度的一种原始形态，以其特有的单一所有权和直接经营管理方式，以及简便性和低成本而受到青睐。尽管这种制度为业主带有较大的个人风险，但也因其灵活性和直接性，在许多情况下仍然是最为适合初期创业者的企业组织形式。

法律虽然并不要求单一业主必须做哪些事，但通常应该做好下面几件事：为企业在银行开一单独的账户。

通知税务监察员（或请你的会计师代劳），他将向你介绍哪些经营费用可以减税。

如果投了资，对所有的设备进行完全保险。

购买个人伤病保险，因为国民健康保险不负责个人经营企业时发生的伤病。

单一业主形式的优缺点如下：

优点：

容易组建。起步规模没有硬性要求。

你是企业唯一的权利人，可以随自己的意愿按照个人的方式开展经营。

所有利润都归你自己。

申报所得税金可以把一些经营支出冲抵收入。

不必对外公开任何信息。

缺点：

你必须对经营中所有的债务负全部责任。如果破产，债权人有权索取和出售企业财产和业主个人物品抵债。

企业存续时间短，企业信誉程度有限。

企业发展完全依赖于业主个人的素质，对业主个人能力要求较高。

难以筹集大量资金。因为一个人资金终归有限，以个人名义借贷款难度也比较大。因此业主制限制了企业的扩展和大规模经营。

二、合伙经营

合伙经营关系实际上是一种单一业主联合，通过这种组织方式共同承担与个人财产相关联的法律责任。对建立合伙企业几乎没有什么限制，但是合伙关系肯定对合伙人能带来许多好处。建立合伙企业后，几个人的资源集中在一起，资本更加雄厚；合伙人可以将各自不同的经营技巧带入企业；个别人生病或临时有事并不会影响企业运营。

必须指出，合伙制有两个比较严重的缺点。首先，如果一个合伙人经营中犯了错误，比如签订了一份后果极坏的合同，那么，不论你是否同意或了解合同的签订，所有的合伙人都必须为此负责。在这种情形下，你的个人财产有可能被拿去抵债，尽管那份错误的合同可能与你毫无关系。

其次，当你的合伙人因某种原因破产时，他的债主有权取得他在合伙企业中的份额。作为单独的个人，你没有为合伙人私人债务负责的义务。

1.为什么合伙经营值得考虑

可以获得较高的启动资本（假定合伙人都投入资金）。

合伙人之间可以互相增强信心，并能够分担责任。

合伙人之间形成技能互补，某一合伙者专长于某种技术，另一合伙者具有管理天赋，还有人善于理财，以及提出新思路。比尔·盖茨和乔布斯在创业初期都是与朋友如此合作。

2.如何选择合伙对象

合伙企业要想成功，首要一条就是合伙者必须互相信任，做到密切配合。此外，合伙参加者承担无限财务责任，当企业发生问题时，不管谁的过失，债权人都可以要求用所有合伙人的个人物品抵债。合伙关系几乎是如同婚姻关系一样密切。因此，选择合伙对象就像婚姻对象一样必须十分认真和谨慎。

如果你想建立一个合伙企业，首先应该自我反省一下你的性格是否适合当合伙人。有的人个性太强，不能平等地接受他人的想法和与人共享资源，就不适合于参加合伙。

3. 如何签订合伙协议

尽管请律师起草合伙约书不是建立合伙关系的必要手续，但仍不失为明智之举。在这份约书中可以规定不同于合伙法案的安排，也可以就法案中未涉及的问题作出补充。这份文件还可以对企业的经营作出详尽的约定。合伙约书应包括下述内容：

（1）如何分享利润和分担损失。例如，按照投入资金比例、按照完成合同数量、按照投入工作时间或其他方式。

（2）现金提取限制。规定每个合伙人每月可以提取的现金数量是十分重要的。只有这样，才能保证企业有足够的流动资金。

（3）休假安排。包括节假日天数及休假天数，以及如何处理合伙人的病假。只要具有合伙人身份，就应该有权分享应得的利润份额。因此，最好在合约书中规定保持合伙关系不变的病假上限。

（4）投票权。如果不做特殊规定，合伙人拥有相等的投票权，与此不同的安排必须在合约书内写清楚。

（5）规定合伙有效期限。明确合伙关系持续的时间是3年、5年还是10年。对合伙期限也可以不作规定，这种情况下终止合伙关系提前3个月通知有关方面。

（6）接受或开除合伙人。接受新人入伙需要全体合伙人的一致同意。因此，如果你有意保留你的某位亲戚，比如你的儿子，入伙的权利，最好将其写入合约书。除非在合约书中另有规定，驱逐合伙人需要经法律判决。因此，制订合约书时应详尽列出什么情况下可以驱逐出合伙人。

（7）解除即废除合伙关系。如果合约书中没有另行约定，当有合伙人死亡或破产时，合伙关系自动解除。如果发现你的合伙人向你提供了虚假信息，你可以向法律申请废除合约书。

（8）抽走资本。合伙解体时，合伙人有权处置合伙财产并分割所有资产。除非在合伙约书中有其他约定，偿还债务后所剩资产应在合伙人间平均分配。

（9）合伙资产处置收入按下述顺序使用。当然，合约书也可作出不同的约定：

①支付所欠非合伙人债务。

②支付合伙人提供的贷款。

③支付合伙人的资本投入。

④余下部分在合伙人之间均分。

如果所余合伙资产不足以补偿企业的亏欠，则合伙人需按利润分享比例出资补空。

（10）退出合伙通知。合伙约书应对合伙者希望退出合伙关系时如何向其他人通报作出约定。有一点应当指出，合伙人退出合伙后对他退出前企业所做的承诺仍然负有责任。

三、有限公司

有限责任，顾名思义，意味着成员对公司的责任只限于以股份形式投入的资本。

根据《公司法》注册的企业是单独的法律实体，与股东、董事和管理人员相分离。股东责任限于已付或已认购待付的股份资本，公司有无限的生命。但是《公司法》对这种企业形式有许多限制。公司必须保存有关账目，必须任命审计师，必须向公司登记处备案公司年报。公司年报中包括财务报告、董事会组成和董事个人情况以及各种抵押的细节等。

成立有限公司要求至少有两位股东和一名董事。股份有限公司可以分成二类。第一类称为公开公司。公开股份有限公司必须至少拥有法律规定的股份资本。根据公司组织大纲，公司可以向公众募集股份资本。另一类公司称为封闭公司。《公司法》对公开有限公司有许多严格的法律约束。一般来说，大部分有限公司先以封闭公司形式成立，当公司的发展需要从更大范围的股东手里筹集资金时再转成公开公司。有限公司对其应税利润要缴纳公司所得税。

创业的起步策略

一、从头做起

经济发展、技术进步、人们生活和工作方式的改变或者几个因素共同作用有时会创造出一些新的业务机会。

小企业创始人应该善于看出将会出现什么机会，想到何时和如何挖掘这些机会。

这里举两个例子，一个是农用车具出租，另一个是乡间农舍出租。对于前者，由于城市化进度加快，进行农业生产的人数也减少了，因此农用车具出租店的经营机会不是很好。

后来随着企业型农业生产需求增大，大量创业者进入此领域，但较低的进入成本又使得农用车具出租店很快供大于求。终于一次经济衰退冲走了大部分新建小店，把市场留给了所谓新一代的专业"出租商"。

出租乡间农舍的做法始于欧洲。随着人们富裕程度提高和休闲时间的增多，拥有两个住处越来越时髦。同时，由于农业效率的提高，乡村居民开始减少。在这些因素作用下，加上对出租自有房屋者的税收优惠，就出现了一个满足度假者租用农舍的需求的新业务机会。

二、从别人失误中学习

生活中不愉快的经历，或者对现有产品和服务的不满足常常激发小企业创始人想象力。从这里他们也能找到创立新企业的机会。

蜜雪冰城是一家全国连锁冰激凌与茶饮的品牌。1997年，张红超创立"蜜雪冰城"时，它的名字还叫做寒流刨冰。直到2000年，第一家"蜜雪冰城"门店才正式建立。当时的"蜜雪冰城"不过是一家个人店铺，而在短短的20年之间，蜜雪冰城在全球已经拥有近2.2万家特许经营店，成为全球第五大快餐连锁店。其能成功的原因之一就是抓住了当时其他品牌不愿涉足的低价市场，在当时其他茶饮品牌主打高端市场，一杯茶饮动辄十几元一杯时，蜜雪冰城通过提供低价高性价比的产品和服务，迅速占领了市场，尤其是三四线城市的学生等受众群体。例如，他们推出的2元冰激凌、4元柠檬水等低价产品，击中了对价格敏感的消费人群。这种定位使其在竞争激烈的市场中脱颖而出。

由此案例可以看出，寻找到他人的失误并加以利用，将能让你在同行业中获得来之不易的机会，并可能在市场中遥遥领先。

三、收购现有企业

如果想通过收购现有企业扩大你的经营，那么必须先仔细地对收购原因进行分析。大公司接管企业或是由于管理人员的自负，或是为了公司的战略。40%以上的公司将"向金融界送个信号"列为收购企业的主要目的。还有35%的公司说收购企业是因为"董事长坚持要这么做"。对于小公司，收购企业则出自比较实际的需求。

1. 收购现有企业的优点

历史业绩优良的现有企业在新主人经营下很有可能继续成功。

企业所在的地理位置经过成功经营实践的检验。

不必像开办一个新企业那样投入大量的时间和精力去做周密的计划,很快就能获得利润。

现成的顾客群。

现成的同供应商、工商界同行甚至银行的关系。

现成的设备,已知的资源和生产能力。

融资目的明确。

2. 收购现有企业的缺点

即使所有上述优点都经得住仔细分析,也不能忘记还有下面这些可能将其抵消的缺点:收购者将继承原有企业所有的坏名声。

已有的资源供应渠道可能不如意。

接受的雇员可能达不到要求。

继承到的顾客群可能不是最理想的,而且改变公司的形象又并非易事。

员工在先前所有者手下形成的习惯难于改变。

公司建筑及其内部布置可能很落后,进行改造费用又太高。

地主可能不友好。

购入价格可能过高,因此影响未来的利润。

库存货物中可能有许多流动慢和过时产品,为此却支付了不少的钱。

收购现有企业不一定总能碰上所有这些问题。但是,在考虑具体公司的收购时,还是一定要认真对待为好。

四、内部管理者收购

这是收购现有企业的一种变相形式，其核心概念是现有公司的合伙人从所有者手里把公司购买过去。除了收购现有企业的共同优缺点之外，这种方式还有两个一般方式所没有的特点，首先，收购者对公司的业务、顾客、竞争对手、供应商以及财务状况了如指掌，因为他们已在公司工作多年，或很久以前就开始与公司有密切的来往。其次，这些管理人员一直在一起工作，对互相的长处和弱点有所了解。由于他们将要投入个人的不小的财富，甚至超出一般能忍受的限度，所以，他们的许诺是可以信赖的。

管理内购还有一个优点，即出于某种"社会"的考虑，企业对其董事们的售价比在公开市场上的售价要低一些。

管理内购的做法通常是建立一个新公司，由这个新公司买下老公司的全部或部分，通常是买下一部分。收购所需资金除了管理者们自己集资外，还可以通过银行或风险资本基金筹集。

五、经营家族企业

如果你有一个家庭公司，想把它办成一个家族企业，一定不要忘记"富贵难传三代"这句老话。事实上有资料显示，家庭企业的平均寿命为24年，正好与企业创始人的平均工作年限相同。只有30%的家庭企业传到第二代手中，不到2/3的这些企业传到第三代，而只有13%的企业能传出第三代。

尽管统计数据表明，家族企业延续相当艰难，但不要因此而失望，仍然有不少家族企业依旧保持着旺盛的生命力，如沃尔玛、李锦记等。

　　家庭企业既有优势也有弱点。掌握这些优势和弱点可以帮助我们更好地抓住家庭企业存活的机遇。

　　家庭企业最主要的优势在于它有一种不同的气氛和感觉。可能是一种归属感，或是一种强烈的共同目标感，这些无疑都有助于人使人更加努力地工作。

　　家庭企业的另一个优势是具有较大的灵活性，管理者和所有者的合一使得必要时能够快速决策和实施变革。

　　在另一方面是一些弱点。虽然不是家庭企业所独有，但家庭企业更容易出现这些问题。其中一些主要的如下：对变化反应迟钝。已经证明这是导致家庭企业失败的最常见的单一原因。例如，一家连锁汽车陈列店创始人的儿子一直就在那里工作，学会了做这种生意的各个方面。此外，他还知道，要使他爸爸高兴，他就必须按照他爸爸的方式做事。因此，当儿子接班当了总经理后，一切都还是按老规矩办。然而，此时顾客对商店的要求可能已经不同了，企业可能由于跟不上变化而倒闭。

　　随着创始人年龄的增长，生气和活力随之降低，更加大了对变革的阻力。此外，过分依靠家庭成员和排除外人参与使得企业得不到新思路。家庭公司可能会对市场信息反应不灵敏，不接受外来思想，不愿意雇佣外部有能力的管理人员。

　　家庭目标与企业目标的冲突。例如，一个家庭公司的股份由总经理和他的二位姨妈拥有，两个老太太靠公司股份的红利过着舒适的生活。总经理知道投资购买新机器对企业的长远发展至关重要，同时也知道这会影响到今后5年的红利。在此情况下要采取什么样的策略才能既不影响公司前途又让两位姨妈接收这五年的红利降低呢？

同其他企业不同，除了财务目标外，家庭企业还有许多别的目标，诸如在社区里家庭的声誉和地位、向家庭成员提供就业、保护家庭财产、维护企业的独立性、将财富和地位世代相传等。

然而，把这些家庭价值施加于企业往往会产生问题，例如，任人唯亲的策略会使安排给家庭成员的工作超过他们的能力，或者他们的工资超过他们的贡献，从而带来一系列其他问题。

所有权与成长的矛盾。创业家们喜欢自己控制而不愿意听取别人意见，他们常常将企业视为个人的延坤。在这样的环境里成长起来的后代经营者们也不愿意这种所有者的权威受到挑战，具有一种很强的当老板的愿望。

这种全面控制的观念意味着由于家庭不愿意分散所有权，企业可能失掉成长的机会。家族企业经营者们更喜欢小企业的多数股份，而不是大企业的少数股份，因为在后面一种情况下，他们必须听取其他股东的意见。家族企业的经营者基本面临着这样的两难选择，要么将商业目的放在首位，不怕牺牲家族利益，追求企业的成长；要么将企业的发展置于家族利益之下。

家族企业常常受制于过分依赖家族成员而不能很好利用外来人员的能力。这影响到企业从招聘雇员到经营管理的各个方面。经常会碰到家族成员不考虑自己实际能力而要求在公司中担任要职，这种用人方式对企业发展和生存都有很大威胁。在管理上，家族的自豪感常常不允许家族成员作外人的下属，尽管这个外来人的工作能力可能要比家族的人更优秀。

员工评价和培训也受到这个因素的影响。客观的员工评价准则常常与家族原则冲突。在培训方面，安排家族成员时是以他们个人发展为目的还是从最有利于企业的角度出发？遗憾的是这两者并不总是一致的。

很多家族企业解决不好接班问题。几乎没有人自愿接受应该退出的现实，创业者们都不愿意承认自己已经不是经管企业的最佳人选。企业常常不能提早做出关于接班人的计划，往往是在创始人过世或病重的突发事件下处理这一问题，这种情况下往往来不及进行所需的认真考虑。

不过，所有这些弱点都是可以克服的。对于希望保持竞争优势并能顺利传给后代的家庭企业，可以试试下面的方法：外向观念和主动变革。在可能的情况下，鼓励家族管理人员积累家庭企业之外的经验。专业化培训是非常重要的。一位在大学成功读完管理专业的经理这样谈论他和一直在家族公司工作的哥哥的领导能力："我哥哥一直在爸爸创办的公司里工作，他不会从其他角度看问题。他自己承认他没有爸爸那样的领导能力，而且缺乏外向观念。"

为企业设定共同认可的家族目标。对雇佣家族成员、继承和所有权都应制定出明确的政策。此外，家族目标对企业的财务影响也应该仔细地予以分析。同其他企业一样，家庭企业的经营管理者也应明确他们的目标，以及这些目标间可能存在的冲突。

设定明确的所有权目标。分析所有权目标背后的情感因素。对分散所有权的后果应该有公正的认识。应该制定协调的增长和所有权目标。在安排所有权传给后代时应听取税务方面专家的建议。对企业外来员工应持不偏不倚的商业化关系态度。最后，应该建立一种机制协调那些在企业里工作和那些不在企业里工作的家族成员股份持有者的观点和看法。

严格按照对公司的贡献奖励和提升来自家族内部的雇员。建立例行评价制度，对所有雇员，包括来自家族内部的雇员，都按规定进行正常评价。必须做到有效授权，采取措施，例如通过独立的非执行董事，努力吸引和鼓励有能力的外来管理人员。使用外部咨询顾问非常重要，特别是在当胶发展变化速度如此之快的情况下。很多问题，比如上市，在一个企业的一生中只会碰到一次。外部专家对此有广泛的经验，能提供有价值的建议。尽管如此，很多企业总是不去请教他们。

　　注意做好上述几个方面的家族企业将会保持外向观念、主动进行变革和取得持续的优良业绩。控制适宜的家族文化和增强家族成员的责任感与义务感，将使企业在不断变化的激烈市场竞争中反应更加灵敏，进一步提高企业的创新发展能力和生存能力。

创业的筹资手段

筹集开办企业的资金并非易事，不同国家融资费用也不同。在所有发达国家中都有两类完全不同的资金来源可供小企业使用。第一种属于借贷，通常从银行借得，这类资金将来某一天总要偿还。债务资本在使用期间需要支付利息。第二类属于自有资本，包括股东和企业所有者投入的资本和企业利润提留。股东的投资不需要返还，但是他们希望企业经营者能使他们的股份增值。对上市股份，投资者希望持续较高的红利。

如果不能满足股东们的期望，那么在你需要更多资金的时候就会碰壁，能力强大的股东们甚至还会改组董事会。

一、银行透支

银行透支是最常见的短期融资手段。安排透支极为容易，只要同当地银行进行相应手续的办理。这种方式很灵活，没有最低限额。你随时可以在约定的数额内预支所需资金，过后归还。透支利息按照日透支余额计算，因此相对来说也比较便宜。

当然，利率可能波动很大。因此，今年看来不大的一笔钱，到了明年就可能由于利率的突然剧增使得企业陷于财务拮据。一般情况下并不要求还款，而是不断地更新或调整透支数额。但从理论上说，透支是可以要求偿还的。因此，绝不要利用短期的透支为长期需求筹资，例如租赁或购买机器设备。透支通常用于满足流动资本、存货、为顾客垫款、大宗原料等方面的需求。

二、定期贷款

定期贷款手续比透支要正式得多。贷款期限可以是0~3年、3~10年或10~20年。定期贷款通常要用现有或将要购入的固定资产担保，或由董事（或企业所有者）以个人身份担保。由于需要比较复杂的安排，为得到定期贷款需要支付一定数额的法律事务和财务咨询费。这样一来，定期贷款就要比透支所付出的成本更多。不过，只要不拖欠利息，贷款期内这笔资金可以保证供你使用。

贷款利率可以在整个贷款期固定不变，也可以随市场上的利率浮动。因碰利率有点赌博的意味，可能对你有利，也可能不利，这要看贷款期间市场利率的变动情况。如果市场上利率增大，你赌赢，反之，则赌输。采取变动利率可以避免这种风险。与浮动的透支利率不同，固定利率使得债务约束确定，因此便于提前计划，这是它的又一优点。如果发生突然的利率猛涨，浮动利率可能给企业带来灾难性的后果。

有的银行已经引入了允许贷款者定期重新选择固定利率还是浮动利率的做法，使你可以吸取教训，调整策略。

三、政府担保贷款

许多国家都引入了这种源于美国的做法。从那时以来，各种增加可用资金的法案不断延长这项计划的生命期。要想获得此种贷款，项目首先要经过指定银行的审查。银行必须认定项目可行，且申请人并具有清偿债务能力。

第二章

了解所处环境让你创业更简单

影响创业者成功与否最重要的因素不是金钱，也不是
社会资源，而是认知，是创业者对环境的认知、对人的认
知、对金钱的认知、对企图介入领域的认知、对创业小环
境的认知以及创业者对创业新法则的认知。

环境塑造创业英雄

洛克菲勒成为世界首富，穷其一生的时间。

比尔·盖茨成为世界首富，仅仅用了20年的时间。

Google创始人成为世界首富，用了破天荒的7年的时间。

YouTube的陈士骏从一无所有到身价16.5亿美元，更是用了破纪录的短短20个月。

……

在不同的时代背景下，各路财富精英的创富耗时纪录正是这样在不断被刷新着，让人叹为观止的同时，不由得感叹实在是"时势与环境造英雄"！所处的环境不同，创业与致富的速度及效率也会随之发生变化。而随着时间的推移，"创富列车"的速度变得越来越神速；创富神话被演绎得越来越令人眼花缭乱。

环境在个人创业过程中起着至关重要的作用，有时甚至能发挥决定性的作用。正如前面我们所讲的不同的时代背景下，创业精英们通往财富之巅所耗费的时间财力有很大不同。

在国内，环境对于普通的创业者而言，不仅仅只是一个影响创富速度的制约因素，在很大程度上还是左右创业活动能否顺利开展的关键因素。

在我国改革开放之前，是一个个人想创业而不得其门的时代，个人即使有再大的能耐与创业激情也无处施展，这是由当时的特殊社会大环境所决定的。

20世纪70年代末、80年代初，随着十一届三中全会的成功召开、改革开放之风的逐渐兴起，国内经济领域出现了新气象，国家开始允许私人创业。试想，在那样一个市场刚放开、商品短缺的时代，只要胆子足够大、魄力充分强，摆个地摊就能成为当时令万众羡慕的"万元户"，甚至是百万富翁。

20世纪90年代初，在邓小平视察南方谈话的刺激下，国内市场经济被进一步搞活，尤其是在海南兴起了一股开发房地产的滔天浪潮，当时，来自全国各地的不甘平庸、渴望闯荡出一片天地的热血青年都被吸引到了那片热土上。在当时，涉足房地产很容易就能成为千万富翁，而且那股房地产的热潮很快席卷全国。

到了20世纪末，席卷全球的互联网浪潮刮到了中国，在国内，那些对环境较为敏感及有先见之明的青年财智精英，从此开始了一步登天、一夜暴富的创业之路。当时的典型代表人物莫过于搜狐的张朝阳、新浪的王志东、网易的丁磊等人。这些创业者的显著标签是：年轻、高学历、迅速成功，他们不仅演绎了全新的创业手法，还彻底打破了国内的创富速度纪录。

进入了新世纪，我国的创业环境进一步得到改善，据《全球创业观察2006中国报告》透露，在"全球创业观察"项目的42个成员中，中国已经超越美国、日本、澳大利亚等发达国家，整体创业环境位居全球第六。在这种越来越有利的创业环境下，人们的创业激情被空前点燃，一个新的、多元化的创业时代悄然来临。

我们说，迎合了环境，会在很大程度上推动创业活动的成功，那么一旦脱离了创业所处的环境，又会带来一种怎样的结局呢？

在我们周围，有很多留学回国的"海归派"，他们看到在国外较为完善的商业环境下，对于创业者而言，不但有非常健全的银行贷款渠道，而且还有大量而又成熟的直接投资者和风险投资商。只要是优质项目，创业者将自己的资金投进去后，很快就会有第二轮的天使资金注入，而且身边还有更大规模的风险资金在观望。

于是，那些"海归派"们凭借他们在国外看到的经验，怀揣着最先进的技术和最时髦的商业模式，满怀信心地回国创业，在他们眼里甚至会认为国内同胞的创业方式是原始的、落后的。但是，回到国内后，他们才渐渐发现事情原来并不像他们想象的那样美好，他们首先在银行碰壁，因为仅仅依靠一个有前景的技术、一个虚无缥缈的商业模式，还不足以让国内的银行为之提供创业资金。从银行贷不到款，他们只好去找直接投资者，但国内的直接投资者多数抱的都是短期心理，并不成熟。再去找风险资金，殊不知国内的风险投资规模连美国的万分之一都不到，仅仅是要找到他们就很难。

最终，这批"海归派"创业者连自己是如何失败的都不知道。因为他们不懂"橘生淮南则为橘，生淮北则为枳"的道理，不懂得去和自己创业所处的现实环境相融合，可以说他们的观念是沉浸在国外的环境（书本）中，却想在国内的环境下用这些方法创业。在这种情况下，他们的创业行动就是在空中建楼阁、无异于痴人说梦话！

上述正反两方面的案例说明，创业不是一蹴而就的，如果能充分了解创业所处的环境，会让创业者一帆风顺；如果脱离了创业环境，也可能会使创

业者事事皆空。在一定程度上，可以说是环境塑造了创业英雄！在大环境下找到与自身能力的结合点

创业者要想把自己的能力表现出来，首先就必须找到自身能力与大环境的结合点，这样其能力才会起到作用，其次自己的特长也要与目标和结果符合，能力也就能完全表现出来了。因此，准创业者要结合大环境，来对自己的价值取向、兴趣、能力乃至期望的生活状态进行具体分析，并找到它们之间的结合点，也就是让自己的能力、兴趣与现实环境趋于一致，这样才能够在瞬息万变的大环境中顺利进行创业。

1971年出生的丁磊从小就喜欢计算机。大学期间的丁磊虽然并未进入他热爱的计算机系，但是对计算机的热爱并未消减，他经常去计算机系旁听，去图书馆看计算机方面的书。但由于当时的大学生都是分配就业，互联网也不普及，他的才华无处施展。

刚从大学毕业的丁磊被分配到宁波电信局。但电信局分配的工作与丁磊从小热爱的计算机行业相差甚远，丁磊在工作了两年后，因实在无法忍耐枯燥无聊，日复一日的工作，毅然决定从体制内辞职。

1997年，来到广州的丁磊决定创业，并从上一家公司找了几个合伙人，创立了自己的互联网技术公司，他们把公司取名为"网易"，意思就是想让上网变得简单一些。

2001年年底，丁磊等人决定开始进军当时国内尚未发展起来的网游市场。

当时几乎所有人都不看好网游市场，同行、媒体都说丁磊疯了，员工也不相信，用户骂声一片，但丁磊不为所动，他认为这一市场必定能大有可为。

2001年底，网易推出在线游戏《大话西游》，不过由于技术不成熟和经验不足，游戏上线后问题迭出，客户端经常宕机。用户反馈也并不好。

但丁磊并没有泄气，而是继续改革升级。随后带领网易推出《大话西游2》，并在2002年首次实现净盈利。网易股票也开始领涨纳斯达克，丁磊终于迎来峰回路转时刻。

2003年，网易收入2.03亿，股价飙升到70美元，32岁的丁磊成为胡润排行榜、福布斯排行榜，双料中国首富，并在2004年蝉联。

丁磊凭借其对商业大环境的远见卓识，发现了市场上的潜在商机，并且坚信自己的创业团队能够很好地把握这一机会，可以说，丁磊找到了自己与大环境的契合点，并将之付诸创业实践，进而取得了商业上的成功。

现代社会是一个信息社会，任何国际、国内重大事件都直接或间接地影响我们每个人的决策。随着环境的不断演变，相应的身处其中的创业者的创业活动也在进行着相应的变化，大环境的改变一定可以影响小环境中的人，而且这种影响是巨大的。很多创业精英开始也都是草根出身，后来由于他们很好地找到了自身和社会大环境的契合点，因而创造了令人眼花缭乱的创富神话。

大环境决定小环境，对于创业者来说，如果不注重环境的变化，就无法找到自己在相应环境中的用武之处，进而创业活动也就很难开展。具体而言，创业者要想找到自身与环境的契合点，应该注意从以下几个方面去做相应的分析。

一、做好大环境下的自我分析

要想在大环境中找到符合自己的事业，就要对自己进行全方位的分析，并通过自我分析，了解自己，认识自己。只有这样，你才能正确地对自己的工作作出选择，才能选定符合自己发展的创业生涯。所以说，自我评估是生涯设计的重要步骤之一，里面的步骤涉及自己的特长、学识、兴趣、性格、技能、情商、智商以及协调、活动、组织管理等能力。

河南省安阳大学是一所地方高校，名气不大。在大学毕业生就业形势日益严峻的今天，该校社科系保险专业的翟皓东、刘金洲等4名毕业生，没有像其他同学一样去挤求职就业的独木桥，而是另辟蹊径，走出了一条与众不同的"创业兼就业"之路。

原来这4名同学有一个共同特点，就是不愿意依靠家里，而且想闯出自己的一番事业。他们选择创业并不是一时兴起，而是根据入学3年来不断积累、不断从小事做起的必然结果。在创业活动开展之前，他们还根据周围的环境进行了详细而准确的自我分析，从而充分认识了各自的性格、特长、兴趣及能力之所在，根据各自的优劣势及小团队的优劣势分析，他们也找到了今后努力及实践的方向。为了做好创业实战前的"练兵"工作，他们首先成立了"保险之光"协会。随后又经过了充分的准备之后，他们注册了"安大四兄弟"企业策划工作室，入驻了安阳创业服务中心，4人根据各自的能力及特长分别负责不同的工作，各司其职，不仅如此，他们的工作室还招收了十多名毕业生。

后来，他们又根据现实的需要，参照现代企业模式重新组合了工作室。从2003年3月，他们接到第一单——300元的生意开始，公司就逐渐步入正轨，开始正常运转了。

二、在瞬息万变的环境中捕捉机会

如今，市场环境与行情瞬息万变，商机也稍纵即逝，要想顺利捕捉到商机不是一件容易的事。但如果创业者能明白环境的变化及行业的发展前景和长期的发展目标，认识行业规则与大环境特征，清除发展障碍，找到自身和行业、环境的平衡点，那么就能够真正融入不断变化的行业和环境中，从而在新的环境中把握自己，并创造出一番新天地。

1996年，江南春创建的永怡传播开始做综合性广告代理商，并很快成为上海最大的IT广告代理商，一度占领了上海95%以上的市场份额，营业收入也达到了6000多万元。

然而，随着国内网络泡沫的破灭，江南春的客户也突然消失了，到了2002年，他明白自己的人生进入了一个低谷期。面对突然变化的市场环境，江南春开始了苦苦思索，他写了一篇题为《未来中国新媒体的发展方向》的文章，他认为中国未来新媒体的发展将呈现出四大趋势：其一，日新月异的高新技术提高了媒体的表现能力，比如互联网广告从开始时的简单文字链，到Flash，再到视频，表现力的提高可以说是突飞猛进；其二，随着社会阶层的分化和商品的多样化，广告效率的提升也就成了一个迫在眉睫的问题，在这种形势下，分众化精确传播将成为一个必然的发展方向；其三，在特定的时间和空间条件下可以打造出全新的广告市场；其四，在多元化的媒体环境中，市场也在呼唤一些能够带来强制性收视效果的新媒体。

正是这篇对环境变化及未来行业发展趋势进行精准分析的文章，给江南春带来了二次创业的一个新思路，很快他便作出了投资新媒体的决定，并把目光投向了商业楼宇传播网，正是在这种情况下，分众传媒应运而生了。就这样，到了2002年7月，当分众传媒的液晶广告屏开始悬挂在写字楼电梯旁的时候，一场创业奇迹，甚至是一场革命也就发生了。

对于创业者来讲，要想在不断变化的环境中把握住商机，除了要具有驾驭市场风云的超前慧眼、把握市场的脉搏、审时度势的能力外，还要采取有效的方式和方法。

1.从市场供求差异中捕捉商机：在市场经济条件下，市场供求总是有一定差异的，这些差异正是创业者的商机。市场需求总量与供应总量之间的差额就是一种商机。假如城市家庭中冰箱的市场需求总量为100%，而市场供应量只有70%，那么，对创业者来说就有30%的市场机会可供选择和开拓。

2.从市场的"角落"捕捉商机：角落往往被人忽视，而这也正是创业者可以利用的空隙。初创企业，要充分发挥灵活多样、更新更快的特点，瞄准边角、科学地运用边角，另辟蹊径，做到人无我有、人有我新，通过合理的经营，增强自己的竞争实力，最终达到占领目标市场的目的。

3.从市场细分中捕捉商机：市场可以细分为多个小市场，创业者通过对市场的细分，可以从中发现未被满足的市场，从而也就捕捉到了发展的商机。麦当劳的成功就在于它能够不断从细分市场中捕捉到商机。

1998年，在著名风险投资机构IDG任项目经理的贾军偶然发现，国内所有的幼儿园一般只招3岁以上的孩子，0~3岁这一年龄段反而成了一个空当。

对于做风险投资的贾军来说，这是一个细分市场中的空白，紧接着她又想为什么不创办一个专门针对0~3岁孩子的教育机构？说干就干，1999年3月，东方爱婴设在北京奥林匹克体育中心的第一家婴幼儿教育中心正式开业了。到了9月，公司的营业额首次达到了盈亏平衡点。随后的发展就一发而不可收。如今，东方爱婴已经发展到160多家直营、加盟店。

4.从市场的潜在需求中捕捉商机：一般来讲，市场需求具有梯度递升的规律性。因此，创业者应具有超前的意识，预测市场的潜在需求，捕捉发展的商机，拓宽新的市场。

5.从市场发展的趋势中捕捉商机：市场经济条件下，市场环境总是在不断发展变化的。创业者要善于从市场发展变化的趋势中，捕捉发展的商机。如在我国大中城市中，人口出现了老龄化的趋势，这意味着老年人市场将逐步扩大，企业可把握这一商机，深入细分老年人市场，开发出能最大程度地满足他们需求的各种产品。

任何时期的创业者都是置身于一定的大环境之中的，而任何时期的大环境之下都是充满创业机会的。其中需要创业者做好大环境下的自我定位，在转瞬即逝的市场环境中把握商机，并迅速将商机转化为成功的创业实践。

铸造自己的创业"小港湾"

目前就国际国内大环境而言，可谓是一个非常时期，疫情虽已过去，但也确确实实地影响了全球各个角落。在我国，大量工厂企业经营亏损，成千上万的农民工失业返乡；各类企业为了应对经济严寒，相继裁员，又带来了大批量的失业人员；同时，又有大量的应届毕业生涌向人才市场，进一步加剧了就业形势的严峻。

在这种反常情况下，对于悲观的人而言，所能做的只是被动地接受和无奈地叹息。但是，对于乐观的创业者而言，这却是一个巨大的机会。由于大量企业衰退，员工失业，可以说是一种旧有行业及利益格局的调整与洗牌，那些竞争力低下的企业被扫地出局，但同时也为新的创业者制造了空缺、创造了机会。我们知道20世纪70年代中期，是西方的经济衰退期，但也正是那个时候诞生了微软和苹果等世界级的大企业。

如果准创业者能够做一种换位思考的话，将会在经济严寒中看到鲜花灿烂般的春天景象，别的不说，仅仅是那些庞大的待就业人群，他们对于自身、对于政府、对于社会或许都是一个巨大的麻烦。但是，他们对于创业者来说又意味着什么？这可是一个潜在的巨大人才宝藏。

因此，我们说，对那些准备创业的热血人们，在非常时期更应该坚定自己的信念，并营造好自己的创业小环境。

创业小环境也即创业者的内部环境，指创业者所应具备的能力素质和需要掌握的资金资源等状况，主要反映在以下几个方面。

一、创业的激情

创业者必须具备激情，这种激情会感染周边所有的人。在一种激情的环境中，每个人的心态都会变得积极主动。这种激情同时也会产生带动作用和感化作用，会激励整个团队，甚至能激发团队的新成员行动起来。有句话说得好"山高人为峰"，有了理想才有为之奋斗的动力，有了激情才有百折不挠的勇气。创业之路充满了艰辛和困苦，各种意想不到的苦难都有可能出现。如果没有创业的激情，创业者在遇到困难与挫折时，就很容易退缩。

二、创业者的特质

创业是一项充满挑战的人生选择，它对创业者有着特殊的素质要求，有很多人都自认为天生是当老板的料，然而事实上并非如此，并不是所有的人都适合创业。暂且不谈创业需要具备大量的专业知识、资金、管理能力等，现在，越来越多的人开始认可"性格决定命运"这一观点，因此可以说只是性格一项，就将很多人挡在了成功创业的门外。

创业者应该具备的性格特质是理智冷静、自信、有魄力、诚信、自省等。而创业者需要规避的性格缺陷则包括缺乏职业感、懒惰、傲慢、患得患失、容易感情用事、没有主见等。

如果你已经拥有了以上创业者需要具备的性格特质，就可以考虑去开创自己的事业了！如果你尚有一些性格上的缺陷，也不要过于忧虑，而应该正确地分析自己，查缺补漏，尽量规避那些性格上的弱点，以将它们的不利影响降至最低。

三、资金状况

资金状况包括创业者的自有资金情况以及能够筹集的资金情况，对于开创企业的人来说，资金的多少决定了创业初期企业的抗风险能力。创业企业的投入主要包括前期投入和运营期间的流动资金。大多企业在刚开始运作后需要运转一段时间才能获得收入。比如，制造企业在销售之前必须先把产品生产出来；服务企业在开始提供服务之前需要先购买原材料和相关用品；零售商和批发商则必须先买货。因此，对创业者来说，拥有的资金越多，可选择的余地就越大，成功的机会也就越多。

所以，创业前一定要有必要的准备资金。如果没有相应的启动资金，一切就无从谈起。资金的来源可以通过各种渠道筹划，如自有资金、集资、贷款以及与别人合伙等。总之，创业者要充分考虑创业启动资金的筹措方式，适时、适量、适度地储备和使用创业资金，做好资金使用的统筹安排，力求将前期运作风险降到最低程度。

四、资源状况

除了资金以外，创业者还应该调动相应的资源，来为自己的创业服务。俗话说"靠山吃山，靠海吃海"，资源包括人脉资源和行业资源。

人脉资源可以说是创业者最宝贵的一种财富，创业需要人，更需要人缘，需要创业者和所有接触过的人成为朋友，你原来的同事、同学、亲朋都有可能为你的创业活动带来意想不到的帮助。我们这里所讲的人脉，还包括事业合作伙伴、行政管理机构等，这些人脉关系也是制约创业成败的关键因素。

而行业资源则包括供货商、经销商、客户、行业管理部门。行业资源也可以对资源的合理配置带来意想不到的收益，很多创业者也是依靠这一优势而取得成功的。

牛根生当初离开伊利以后，他在伊利所提拔的一批下属也纷纷被免职。这些昔日的下属找到牛根生，希望牛根生能带着他们重新闯出一条新路。牛根生想了想目前的困境，既然别的什么都不能做，那还不如再重新打造一个伊利。他的这一想法一经提出，立刻得到大家的热情呼应，就这样他们又做起了自己的老本行——牛奶。

其实，牛根生对创业成功还是很有把握的，因为除了有像孙玉斌、杨文俊等这些不可多得人才外，还有一个理由也是最为重要的一点，足以说服他重操旧业：牛根生自己从事乳品业多年，不仅有着丰富的生产经营营销经验，而且在中国乳品行业，牛根生算得上是一位重量级的人物，在乳品行业素有"乳业怪才"之称，多年来也积累了相当丰富的人脉资源，这也是一笔不可忽视的巨大财富。因此，当他决定创立"蒙牛"的消息放出后，不仅仅是昔日的下属，更有大量昔日的合作伙伴及客户找到牛根生投资入股。

可以说，正是牛根生所掌握的这些优势创业资源，为他的创业活动打下了坚实的基础。而事实上，后来的蒙牛集团不负众望，获得了如火箭般的成长速度。

五、团队构成

要创业，要做大事，一个人显然是不行的，要有一个创业团队。而且在当今社会，团队精神也受到了越来越多的强调与重视。

团队的重要性是毋庸置疑的，那么，我们该如何去搭建创业团队呢？我们都知道尽管思维方式相似或相同的人更容易成为好友，但是创业团队更需要互补型的人才，具体而言就是要做到团队成员之间的性格互补、专业专长互补、经历背景互补。这样才能打造出一个真正具备一流竞争力的创业团队，而一个一流的团队，应该符合以下要求。

1.知己知彼的团队成员：优秀的创业团队的所有成员都应该相互间非常熟悉，知根知底。《孙子兵法》中说："知己知彼，百战不殆。"在创业团队中，团队成员都应非常清醒地认识到自身的优劣势，同时对其他成员的长处和短处也一清二楚，这样可以很好的避免团队成员之间因为相互不熟悉而造成的各种矛盾、纠纷，迅速提高团队的向心力和凝聚力。

2.能力互补、相得益彰的创业团队：创业团队虽小，但应该"五脏俱全"。创业团队成员不能是清一色的技术流成员，也不能全部是搞终端销售的。优秀的创业团队成员各有各的长处，大家结合在一起，正好是相互补充，相得益彰。

3.团队中必须有灵魂人物：创业团队中必须有可以胜任的领导者，而这种领导者，并不是单单靠资金、技术、专利来决定的，也不是谁出好的点子谁当头的。这种带头人是团队成员在多年同窗、共事过程中发自内心的认可，即能够起到一种团队灵魂的作用。

以上几个方面的要素可以说是构成了创业者创业的内部小环境，这些要素可以说是创业成功必须具备的内功，做好这些方面的修炼，才能真正地做到无往而不胜。

不可不知的创业优惠政策

当前，随着创业难度的加剧和就业形势的越来越严峻，国家加大了对创业者的扶持力度，并在政策上给予了众多优惠措施。这对于普通创业者而言无疑是一大利好消息，当然对于普通创业者，最重要的还是平时要多去留心、多去关注当地的创业优惠政策，并且尽可能地为自己争取到那些优惠政策的扶持。

奥绮玮信息科技有限公司是一家位于北大科技园的软件公司，该公司创立于2006年，是由北大毕业生孔令博和他的3个同学共同创建的，致力于推广他们的专利产品——电子菜谱。

在创业之初，他们首先申请了北京大学推出的针对毕业生的房租优惠政策，后来为了得到更顺利的发展，该公司还专门整理了一套国家对大学生创业的优惠政策，利用了几乎所有能够得到的政策扶持。另外，由于他们较好地抓住了市场机会，而且产品也符合市场需求，因此，公司得到了快速的成长，成立两年来，奥绮玮的注册资金由最初的10万元增加到100多万元，员工也增加到了近20个。

因此，对于准备创业的人士而言，应该多去关注相关政策，比如企业所得税的减免、额度在5万元内的免担保小额贷款，以及公司注册资金的要求等，这些都有助于解决创业初期的资金问题，此外各地也有不同的优惠措施。而在现实中我们也可以经常看到诸如类似的报道"上海每天有10人获得政府的开业贷款，每天有50人参加政府补贴的创业培训，每天有5位创业者入驻政府扶持开办的开业园区……"

因此，创业不仅需要发掘机会，制定商业规划，还需要正确、合理运用创业优惠政策，对于一般的创业者而言，可以借助的优惠措施一般包括以下几个方面：

一、针对大学生的创业优惠政策

陆健是2022年的大学毕业生，由于就业形势不容乐观，而且他认为自身的性格和条件都适合创业，并为创业的事筹划了很长时间，因此也就下定决心要去创业。一次偶然的机会，他看到国家对大学生创业还有一些支持性的优惠政策，经过详细的了解，他发现面向大学生创业的优惠政策还真不少：

1.政府投资开发的孵化器等创业载体应安排30%左右的场地，免费提供给高校毕业生。有条件的地方可对高校毕业生到孵化器创业给予租金补贴。

2.高校毕业生从事个体经营的，自办理个体工商户登记当月起，在3年（36个月）内按每户每年12000元为限额依次扣减其当年实际应缴纳的增值税、城市维护建设税、教育费附加、地方教育附加和个人所得税。限额标准最高可上浮20%，各省、自治区、直辖市人民政府可根据本地区实际情况在此幅度内确定具体限额标准。

3.毕业后创业的大学生可按规定缴纳"五险一金"。高校毕业生自主创业，可申请最高20万元创业担保贷款，对符合条件的借款人合伙创业或组织起来共同创业的，贷款额度可适当提高；对10万元以下贷款、获得市级以上荣誉称号以及经金融机构评估认定信用良好的大学生创业者，原则上取消反担保。对高校毕业生设立的符合条件的小微企业，最高贷款额度提高至300万元。

4.实施弹性学制，放宽学生修业年限，允许调整学业进程、保留学籍休学创新创业。

5.对首次创办小微企业或从事个体经营满一年以上的离校两年内高校毕业生，给予一次性创业补贴，具体办法由省级财政、人社部门制定。

当然，以上这些优惠政策都是国家制定的。各地政府为了扶持当地大学生创业，也都根据各地的具体情况出台了相关的政策法规，而且更加细化，也更贴近实际，这就需要大学生创业者下一番功夫去充分了解了。

二、创业场地优惠政策

场地扶持的政策重点反映在两个方面：一是都市型工业园区的政策，二是创业园区的房租补贴政策。这两大类园区各自都有针对入园企业的房租补贴政策。其中，在创业园区之内，除了房租补贴之外，还有一些相关的配套指导服务，如提供代理记账、专家指导、贷款直接申请的渠道等。

从第一天创业开始，马云飞的公司就在中关村科技创业园区扎下了根，并在那个面积不足30平方米的办公室里谈下了几千万元的业务。

对于这个闹中取静的办公地点，马云飞十分满意：首先是房租可以享受到国家规定的优惠措施，价格很便宜，几乎是同地段的一半，全年一次支付时还可享受九折优惠；其次是这里的服务很完善，园区除了配有商务会议室、洽谈室等硬件设施外，配套服务完善，会定期为创业者提供项目诊断，举办专题讲座、创业沙龙等咨询服务，从财务到法律，只要有问题，随时都会有专家进行指导。

三、税收优惠

国家为了扶持中小创业者，往往会推出相应的税收优惠政策，这些优惠措施往往集中在以下几个方面：

1.商贸型、服务型企业的优惠政策。

2.高校毕业生创业方面的税收优惠政策。

3.失业、协保人员、农村富余劳动力从事个体经营的优惠政策。

4.劳动就业服务企业的税收优惠政策。

已经步入不惑之年的杨先生，在金融危机的冲击下，被公司裁掉了。由于年纪偏大，再找工作并不容易，而且家里还有正上大学的儿子，在一次又一次的求职碰壁后，万般无奈之下，杨先生有了创业的念头。

然而等他去相关部门咨询时，杨先生才知道原来自己可以享受很多种优惠政策，除了贷款担保外，还能享受税费减免的优惠，这使原本犹豫不决的杨先生坚定了自己的创业计划："如果说开业优惠能增强信心和勇气的话，那么税收优惠则免去了我的后顾之忧。"

四、培训由政府"埋单"

创业培训是一个国家创业成熟度高低的重要标志，更是一个国家和地区创业能力强的原因之一。对中小企业实施创业辅导是世界各国、各地区政府所普遍采用的一种通行做法。当前，我国也开展了面对各个层次创业人群的广泛的创业培训。

看到了这么多的创业优惠政策，作为创业者一定要明白，创业优惠措施只是自己事业的一种推动手段，创业的最终成功还要靠自己，因此，在利用创业优惠政策的时候，一定要摆正心态，要做到合理地利用创业政策，还应该注意以下几点要求：

首先，要理性看待创业政策。创业政策可以说是个人创业的助推剂，但不能够解决个人创业的所有问题，这是用好创业政策必须做好的一个心理准备。

其次，要对症下药选择最适合自己的政策。由于每个人的创业方向、创业特点各不相同，每项创业政策的适用范围和对象也不同，个人在用创业政策时，要选择适合自己的政策，即要适合自身的创业条件、要适合自身的创业行业、要适合自身的创业类型、要适合自身的创业过程。

最后，要发挥政策的实际效用。在选择了适合自身的创业政策后，要切实发挥好政策的实际效应，使政策的运用能真正降低经营成本，改善经营状况，提升经营能力，对实现企业的发展壮大有实际作用，令企业走上长期发展的道路。

七大创业法则

我们说在当今时代，创业的内涵被出神入化的创业者们演绎得更丰富了，与此同时，我们看到在这种全新的时代背景下，创业法则也出现了一些新气象。

法则一：商业模式越来越重要

2000年，互联网泡沫破裂，大量红极一时的网络明星企业开始大批死亡。

原时代华纳CTO（首席技术官）的迈克尔·邓恩在接受美国《商业周刊》采访时说："一家新兴企业，必须首次建立一个稳固的商业模式，高技术反倒是次要的。在经营企业的过程中，商业模式比高技术更重要，因为前者是企业能够立足的先决条件。"

管理学家德鲁克也曾经指出："当今企业之间的竞争，不是产品之间的竞争，而是商业模式之间的竞争。"商业模式的重要地位由此可见一斑。

我们都知道，沃尔玛其实是开超市的，可口可乐是卖饮料的，微软是卖软件的，国美是卖电器的，味千是卖拉面的，这些企业的商业模式都是非常简单的，又都是非常成功的。这些企业的成功其实说明了这样一个道理：无论高科技产业，还是传统行业，都能够取得成功，关键是你要找出成功的商业模式，并把商业模式的营利能力快速发挥到极致。

法则二：借风险投资的"鸡"生自己的"蛋"

在互联网爆发时期，盛大、分众、聚众、百度、红孩子等财富新贵们与风险投资（VC）的完美联姻，拨动了每一个具有创富梦想的热血青年的心，这些有别于传统的高速积累财富的故事，在充分吊足了他们的胃口的同时，也为他们树立了可供参照的标杆，为他们指明了今后的努力方向。

如果说一个成功男人的背后总有一位伟大的女性，那么一个成功创业企业的身边往往少不了一个甚至几个优秀风投商的身影。从惊动纳斯达克的百度到制造首富神话的盛大，从开辟风投新蓝海的传统企业如家到重新炒热B2C概念的红孩子……赚个盆满钵满之余，高盛、美林、摩根士丹利、瑞士信贷第一波士顿、IDG、软银亚洲、北极光创投……这些风投的名字注定要与伟大的企业连在一起。

借鸡生蛋，利用风险投资商的风险资金来达到成长自己的目的，这是一种创业运作上的新境界。

法则三：高超的"轻资产"化运作

2200多年前，阿基米德说："给我一个支点，我就能撬起地球！"

如今和阿基米德一样，很多创业者有时候需要的往往只是一个支点：一个轻资产、高效率的支点。那就是"用最少的资金去撬动最大的资源，赚取最多的利润"。要实现这个目的，企业的客户资源、治理制度、管理流程等"轻资产"，必然要取代生产线等"重资产"，成为商业运作的新主角。

而事实上，在国内，曾经有不少的先锋创业者，比如PPG、ITAT等服装行业的黑马企业，已经开始将"轻资产化运作"做得风生水起、有声有色了。

法则四：创意能够照亮生意

人类从来都不缺乏创意：中国的青铜器，埃及的金字塔，古巴比伦汉穆拉比法典……然而这些文明的产物在漫长的历史长河中，可以说并未改变人类个体的命运，只有少数人享受这些文明。今天，创意与经济的联姻，改变了每一个人的生活，它不再是少数人的专利，它不再有国别，它像呼吸一样存在于世界每一个角落。

互联网的发展，更是为新创意经济模式的商业化实现提供了技术可能性。传统创意经济是一分投入一分收获。小投入小收获，大投入大收获。而互联网背景下的新创意经济可以是小投入（通过网络正反馈放大）得到大收获，而大投入（通过网络负反馈）得到小收获。

创意可以在很大程度上照亮你的生意，创意能够创造财富，创意能够成就未来！

法则五：做一条反方向游的鱼

蒙牛总裁牛根生曾说："要想知道，打个颠倒。不管螺丝怎么设计，正向拧不开的时候，反向必定拧得开。山重水复，此路不通的时候，换换位，换换向，往往豁然开朗，柳暗花明。"

在这个瞬息万变的时代，有时候去做一条向反方向游的鱼，往往能彰显与众不同的气质。才能让那些默默无闻的"草根"创业者们打破平庸，取得与众不同的成功。

"互联网之父"瑟夫说："先谈着装问题吧，这是我故意的。比如在我的高中生时代，别人去上学都穿T恤还有夹克，但是我就穿西服和领带。在Google每个人都穿西服，但是没有人穿三件套，我就要穿出我的与众不同来。"

逆流而动也可以被认为是这样一种风格——个人魅力的张扬和展示，这样的风格往往能够铸成创业的成功。

法则六：只有偏执狂才能生存

"只有偏执狂才能生存"，这是英特尔公司创始人、英特尔公司董事会主席安迪·格洛夫自传的名字，也是他的职场人生写照，作为摩尔定律的发起者，他把英特尔成功的原因归纳为企业以及领导人拥有对于技术和市场"偏执狂"的本色，数十年来英特尔公司"偏执"地恪守摩尔定律将CPU的处理速度带到了一个又一个不可能。

综观那些关于商业成败的耳熟能详的案例，终场胜者往往不是开场时财雄势大的主角，改变历史进程的往往是一个狂热而偏执的弱小力量，从一个不起眼的局部开始。

在1970年，15岁的比尔·盖茨写了一封著名的《致爱好者的公开信》，震惊了计算机界。盖茨宣称计算机软件将会是一个巨大的商业市场，他随后离开校园，一手创办了世界上最成功的企业之一——微软公司，并逐步将软件产业化。

1998年9月7日，在加州的一个车库里，布林和佩奇从家人、朋友和投资者那里募集了100万美元组建了Google公司。而此时，比尔·盖茨也肯定没有关注过这个默默无闻的后来者与竞争者。如今，Google成了互联网时代一家毋庸置疑的伟大公司。

所谓"长江后浪推前浪"，后来的挑战者是层出不穷的，源自于弱小的某个局部、偏执而又狂热的他们，对于那些已经具备看似"牢不可破"地位的先行者而言，往往具有无与伦比的攻击力，就像"如家"之于"锦江之星"，"微软"之于IBM，Google之于"微软"。事实上在某一个局部，往往弱小比强大更强大。就看你能否成为未来某一局部的那一个"狂热而偏执的挑战者"！

法则七：专注与精耕细作

随着经济发展的突飞猛进，国内民众的购买力与市场容量也因而得到了空前的膨胀。所以在一些传统的行业同样也存在着巨大的市场机会，当然这也是竞争至为激烈的领域。那么，如何才能让自己的生意在日益白热化的竞争中脱颖而出呢？那就要在自己所擅长的领域与行业内彻底做精做细，进行精耕细作化的经营与运作，做出差异，做出品牌。这正如一家企业的经营口号"人无我有，人有我优，人优我精，人精我名"所传达出的理念。

据了解，麦当劳规定从原料供应到产品售出，任何行为都必须遵循严格统一的标准、规程、时间和方法。如店内柜台高度为92厘米，麦当劳认为这个高度绝大多数顾客付账取物时感觉最方便；汉堡包从制作到出炉时间严格控制为5秒钟；面包的直径均为17厘米，因为这个尺寸入口最美；与汉堡包一起卖出的可口可乐的温度必须是4度，因为这个温度的饮料口感最好；汉堡包出炉后超过10分钟，薯条炸好后超过7分钟，一律不准再卖给顾客……

初创企业的管理如果能做到这种程度，想不成功都难。

第三章

找到自身优势，创业更轻松

通过对创业条件的阐述，我们确定了只有具备了一定的创业条件才能去创业，可是，有了一定条件，如何去创业呢？我的答案是：以自身优势条件去创业！

自身优势决定你干什么

本章开始时，将向大家提供一系列的创业问卷调查，请大家拿出纸笔认真地填写下自己的真实情况和创业想法，如若你尚未想好这些问题的答案，请你不要往下读了，静下心来，认真填写每一份问卷。这些问卷你不是写给别人的，是写给你自己的。因为这些问卷汇总起来，就是你的创业条件、创业家底。那些突出的，具备优势的就是你的创业优势条件。

将你目前状况写在下面。

你的优势创业经验：

你的优势创业技术：

你的优势创业人际关系：

你的优势创业机会（项目）：

你的优势资金状况：

有多少都写下来，没有的不要太牵强。好了，你的自身优势创业条件放在你的面前了。现在你可以自测一下你的自身创业资源了。每个人的创业条件是不一样的，也很少有人在这五个方面都具备。不要紧，我们只要把最具备优势的进行组合，然后再从中寻找创业项目方向。

你可能在创业条件中具备的优势资源是：

A.我有技术；

B.我有机会；

C.我有人际关系；

D.我有经验；

E.我有资金。

如果你有两个以上的创业条件，那样创业优势就更明显。而我们先开始讨论单个条件下的创业，因为这是最劣势的创业条件，所以如果单个条件都可以创业的话，那么拥有两个以上条件，将会更加容易。无论是什么样的创业，我们所有的创业活动都离不开市场，而所谓的市场就是市场需求。

将上面A、B、C、D、E五种情况模拟成五个人，我们来分析一下。

有技术的A：

对于A，其自身优势在于技术，重要的是自己的技术是否能在市场上找到卖点以及需求点。如果A能够找到市场需求点，那就说明A找到了市场机会，A下一步需要考虑的是启动资金的问题。如果资金自己无法解决，就看是否能够通过自己的技术能力和人际关系来帮助，借到资金或者贷到资金。如果仍然不可以，是否考虑拿手中这个具备市场的技术和别人合作呢？如果还是解决不了资金的问题，建议A先运用自身技术应聘工作，进行资金的原始积累，因为目前A自身的确不适合创业。

有机会的B：

B找到了一个创业机会，就如同发现了一个潜在宝藏一样。可是摆在B面前的是——是否自己的力量能够把握住这个机会？而抓住这个机会需要什么条件？是资金，还是技术，抑或是人际关系？B面临的是利用自己目前所有的资源抓住这个机会。这时，不要过于着急，冷静面对，量力而行。如果这个机会超出了自己的能力范围，思考一下是否有和别人合作的机会？如果找不到合作者，那就只有放弃了。在检讨自己资源的同时，弥补自身不足。如果是资金的问题，以后在资金积累上要更加努力；如果是技术和人际关系上的问题，在这两方面均下功夫弥补。

有人际关系的C：

良好的人际关系是C的自身优势，是无形的股金。C应该分析一下周围是否已经有创业成功的人际关系？能否得到他们在创业项目上的支持。如果需要资金，是否能得到有资金能力人的帮助；如果需要技术，是否能得到有技术能力人的帮助；如果需要经验，是否能得到有经验能力人的帮助。

如果C得到了项目的支持，再得到其他条件的帮助是再好不过的。可是C也可能人际关系不错，但自身能力实在不足以支持他进行创业，那么C完全可以利用良好的人际关系去学习、提高积攒创业条件。C可能欠缺销售能力、管理能力、经营能力，但C有好的人际关系，说明C善于和人沟通，那我建议C利用良好的人际关系去发展自身业务，创立资源协助类的中介公司进行尝试。

有经验的D：

D有经验，说明D在某一行业从事这个工作很久，并接触到很多创业者才能接触的问题，比如说某实体中的职业经理、副总、经理、业务主管，甚至售货员、业务员等。他们在商业第一线或商业前沿上，可能没有独到的专业技术，但是他们善于观察、学习、创新，久而久之，就成了复合型人才。他们能够在工作中独当一面，他们往往从最基础做起，接触过多种行业，甚至还有些人和老板一起创业打过天下，他们对商业有很强的洞察力，就好像他们知道驾驶一条船，如何起航、行驶、抛锚，怎样到达目的地。

有创业经验的人，其个人创业能力相对也很强，在人际关系处理上、寻找资金、如何抓机会、怎样找技术等环节上都会胜人一筹。著名管理培训大师俞世维老师说过："对于年轻人，不要太急于当老板。30岁以前一定要找一个不错的公司学习经验；30岁到35岁，一定要做一个高级主管，来管一大批人和物；在35岁以后，开始做自己的生意，因为这个时候不但有了经验，也累积了自己的财富。"可以说经验才是D这类人自身创业的最大优势。

对于D，经验构成了D创业的最大优势。D完全可以利用经验，在最熟悉的行业里寻找创业项目。例如D有物流行业经验，是否可以在物流行业寻找创业项目；D在广告行业做过，可否考虑在广告行业里或相关行业里寻找创业项目。正如大多数创业成功者的一个经验："不熟不做。"相对于其他创业条件，经验的条件更具有优势。

有资金的E：

大多数创业者创业首先考虑的是资金问题。80%的人之所以不去创业，是因为资金的问题。资金在大多数创业活动中的确是硬件，而对于拥有一定资金的E来讲，他创业初期首先就拥有了资金优势。一旦选定了项目，就可以投入资金进行创业，而不必担心借贷和资金周转等问题。但是，如果E除了资金，而不具备其他四项创业条件，那么，E其实还是不具备成功创业的基础条件。因为在大多数情况下，E一旦创业，在没有技术支持和商业头脑的情况下十有八九会使企业陷入停滞状态，将资金逐渐亏损。

目前在网上、杂志上、报纸上有很多招商项目，很多人禁不住那些项目的诱惑，真以为找到了一个一年就可以成为千万富翁的项目，结果被骗，赔得一塌糊涂。原因就在于这些人将创业想得过于简单了。一个人如若没有丰富的社会经验，必定无法辨别哪些是能真正盈利的好项目，哪些是坑人的陷阱；你没有商业上的人际关系，没有人帮你判断那是不是一个陷阱；你没有技术，你也无法判断那个技术项目是否真的成熟，能适应市场的需求。其实并不是所有的招商项目都是虚假带有欺骗性质的，也有很多真实的项目存在。也有可能对方的项目没问题，是你的能力无法将此目标实现。在这种情况下，即使按照你和商家签订的游戏规则去做，你也要亏钱。

对于E，目前不应是有了钱急于创业，而是静下心来，去弥补最欠缺的经验、技术。如果你想开个美容院，能不能用半年的时间到美容学校学习，或者到美容院打工，即使不能实地学习，那是不是可以买些书学习呢？不要心疼学费和买书的钱，须知那是在武装你的大脑，你可以学到技术和经验。但是大多数拥有资金的人，往往会头脑发热，顺着自己突然的奇思妙想就急于去进行创业，并不会冷静地进行思考以及制定计划。倘若你深入了解、认真学习，发现这个行业不适合你做，或者没有你想象得那么好，难道不是一件好事吗？花了几百元、几千元，却少赔了几十万元，况且你还学到很多商业知识。哪一个选择更明智呢？这显然不言而喻。

下面是一个典型的拥有资金，却因不懂技术，最终被所谓的商机所迷惑而急于创业，结果被骗的案例：

小刘在刊物上看到某省专利技术实施公司欲转让一个"高效蜂窝煤技术"的信息，称"这种蜂窝煤，一根火柴就能点燃，蓝色火苗，一尺多高，可代替液化气"。于是，不远千里到了这家公司。在"现场"小刘走马观花地看了一会，便被耀眼的"现状"以及五花八门的获奖证书所蒙蔽，并得出了"的确如此"的结论，遂花了六万元买断了自己所在地区的该项技术独家使用及经销权。但是，事与愿违，小刘回家后，无论怎样做，都达不到广告推介和"现场"看到的效果。

折腾了几个月，这项技术几乎全国都在转让，其价格仅一千元，可是却没有一家企业成功地进行批量生产。小刘付出的代价太沉重了，从买技术，到租地建厂、买设备、路费等各种费用，前后赔了十万元。

目前全国的确有很多这样的骗子公司，以技术转让、独家代理、特许经营、特约加盟等方式欺骗没有经验的急于创业者。这些骗子公司有的嫁接在一些高等院校、科研院所附近，进行狐假虎威的虚假宣传。有的在国外注册个连锁公司，肆无忌惮地进行各种形式的欺骗活动。这些骗子公司像蜥蜴一样经常变换面孔，来欺骗更多的人。他们抓住了许多人想创业致富的心理，在全国大肆行骗。

我们再来看一个案例：

2005年"五一"前夕，来自全国各地的30余名连锁加盟经营者纷纷赶到杭州，他们此行的目的是：向杭州法院起诉和向杭州市政府反映"万兔速丽"连锁机构中国总部涉嫌商业欺诈一事。"万兔速丽"是一家总部设在杭州的速食连锁机构，其加盟店曾遍及除西藏、内蒙古以外的省、自治区、直辖市上百个城市，每年新开的加盟店在200家以上，在全国特许加盟连锁业界名气不小。

"万兔速丽"有一句广告词很吸引人——"加盟精美速食店只要2万元，轻轻松松当老板。"正是这样一句广告词，使不少中小投资者蜂拥而至；也正是这句广告词，使该项目宁波地区的代理商肖先生义愤填膺，在一年多时间里，他在这个项目上赔光了50多万元血汗钱！他愤怒地说："万兔速丽的加盟连锁就是那个盛满肥皂水的罐子，而我就是那个破灭的泡沫！"

宁波的一位凌女士是"万兔速丽"另一个加盟项目——"壹贰叁咖啡比萨"的代理人，她的一个直营店和三个加盟店也在六个月内就先后倒闭或改行了，她本人则亏了20多万元。像肖先生、凌女士这样的人还有很多，一位买断了某省代理权的代理商亏了近百万，一对下岗夫妇加盟后不仅把10多万血汗钱赔了个一干二净，还为避债而背井离乡。

"万兔速丽"区域代理需8.8万元，而加盟店仅需2万元，所以始作俑者努力把加盟商做成代理商，在发展代理的同时又希望他们早点倒闭关门以便继续在该地圈钱。其一业务主管有这样一句话，"加盟商都死了就有机会重新招募一批加盟店"。

另外，"万兔速丽"所谓的"一条龙"协助，即从国际商标的授权使用，人流量的获利评估、店面寻找、店面的规划设计、人员的培训、店务管理、成品的制作，以及开业时公司派专人协助开业，包括后续不定期有新产品推广的培训等，实际上只是空头支票。据悉，"万兔速丽"连锁机构1999年在杭州成立，5年多来已在全国上百个城市陆陆续续招募了多家加盟店和代理商，如今存活下来的只有少数几家，而且几乎都是新开张不久的。这些加盟店，它们的平均存活期不超过5个月，最短的只有两个月，最长的也只有半年。"万兔速丽"似乎意识到单凭"精美速食"这种单一项目代理，在一个地区招募的代理商和加盟店总是有限的。如何招募更多的代理商，圈占更多的钱？其绝招就是把近百个产品进行分拆打包，几十个一组，取不同的名字，成立不同的公司，以这种改头换面的方式，就可以在同一地区和城市进行重复招商。如"精美速食""壹贰叁咖啡比萨""焗烤王"等代理项目，产品大部分是一样的，区别只是售价不一样。这样一来，不仅圈到了更多的钱，还加速了各个代理商和加盟店倒闭的速度，又为再度招商创造了条件。

实际上，杭州"万兔速丽"有限公司于1999年5月在杭州注册，工商执照上所注明的经营范围只涉及了生产销售和咨询服务。一些代理商律师认为，从现有掌握的证据来说，"万兔速丽"的行为不但违反了相关规定，同时已经涉嫌商业欺诈。如"万兔速丽"没有特许经营权，却在对外散发的彩色广告上宣称"万兔速丽"国际连锁机构源于中国台湾，于1999年进入中国大陆从事特许经营。另外，该公司声称在泰国、印尼、日本等国均有代理商，全球代理商已编号到2000多家了，在中国大陆也有500多家。但是该公司却以保护商业秘密为由，拒绝向加盟者公开其他加盟者的地点和联系方式，只是在口头上宣称他们都经营得很好。而据调查，该公司在泰国等国家根本没有代理商和加盟者。

但是，对于创业者来讲，他们被欺骗去的加盟费或者代理费只占创业投资的一小部分，因为他们还要办理各种经营证件、租店面或者生产场地、要装修、要招聘工人等。等到失败时，创业者才明白过来，可是为时已晚，他们不仅在金钱上受到损失，在精神上也受到重创，甚至再也不敢创业了。这就如同农民买到假种子一样，无论你用再好的土地，无论花费再多的精力，也不会带给你收获的。

尽管仅具备了机会、人际关系、经验、技术、资金中的一项的人，就可以创业，但也毕竟势单力孤，拥有两个以上的创业条件再去创业才会更好些。有的人说，想做好一件事情，"准备去做"要占90%，而"实施做"（技巧和方法）只占10%。同样的道理，要创业成功，创业的条件，即"准备去做"要占90%，而如何做，即"实施做"只占10%。"草船借箭"的典故就能说明这个问题：不出船是因为"准备去做"还有不够的地方，那就是——天气。草船借箭是战场上的事，创业是商场上的事，但二者的成败是相通的，你不满载而归，那就丢盔卸甲。其核心就是要告诉大家：

条件不具备不要创业！

具备创业条件再创业！

项目的确定与考察

我们明确了具备创业条件才能去创业，也肯定了不具备创业条件不能创业；条件充足了可以立刻着手创业，条件不足的地方要去补充、去建立。也在前面问卷中确定了我们的创业条件优势和不足，创业者在创业之前，一定要有明确的创业方向，再决定创业。假如，选择了某一个行业，创业前一定要积累一些该行业的经验，收集相关的资讯，等到自己的行业知识、客户资源渠道，营利模式都有了，再创业，成功就指日可待。你可能认为这样会浪费一些时间，但我要告诉大家的是，不是在浪费时间，而是在建立你的"创业东风"。经过一段努力，如果你觉得这个东风已经具备了，那么主观上你的创业条件已经具备了，可以着手开始创业了。让我们再次回过头来，把你的创业条件优势问卷认真、客观地填写一份：

你的创业经验优势：
你的创业技术优势：
你的创业人际关系优势：
你的创业机会（项目）优势：
你的资金状况优势：

这个问卷是你的创业资产，这些就是你靠"山"吃"山"的"山"，靠"水"吃"水"的"水"，这些就是你创业的综合筹码。你可以根据自己的资源状况，客观地选择创业项目，即使你不能立刻选定项目，在你的脑海中，你也根据自身资源状况大致确定创业方向，如餐饮业、工艺礼品、建材行业、电子商务等，你在这个方向中再具体地依据你的创业资源，来实现你创业环节中最关键的一步——确定创业项目。

对于初始创业者，在确定项目时，第一，应正面考虑的是项目的真实性、适用性和可操作性；在投资上要少，操作起来简单，容易控制；消费对象明确，风险较小；利润稳定、产出效益周期短。

第二，应特别注意以下几点：

（1）隔行隔太远的要慎重；

（2）市场消费对象不明确要慎重；

（3）本地没有任何一家开展此项业务的要慎重；

（4）低投入高回报的要非常慎重；

（5）远距离加工回收的要非常慎重；

（6）号称高科技转让的要非常慎重。

第三，如果选择加盟、招商，特许经营项目，你还要注意以下几点。

（1）商家主要是骗没有创业经验的人。这些加盟商针对的都是一些想创业但是没有经验的人。这些人由于缺乏判断力，是受骗的高发人群。如果你是没有过创业经历的人，看到各种各样诱人项目时，一定要谨慎小心。一定要找有经验的人来帮你鉴别，切不可盲目行事，以免第一次创业就以完全失败收场。一旦是虚假项目和不可行项目，就如同你买到了假种子，即使你再努力，也不会让它开花结果。

（2）商家宣传广告做得好。这样的商家加盟项目在报纸上、杂志上、网络上做的广告内容都十分吸引人，不是说暴利就是说零风险，总宣传简单易懂，要不然就是说回收成本的时间很短。招商广告只是一个商业信息的窗口。任何商家在自己的广告中，不会说自己的项目是赔钱项目，只说好，不说坏。鉴于此，我们要尽量亲身考察，因为很多项目根本就立不住脚，特别是那些"洋""科""大"的项目。例如，某些加工项目，明明当地有很多劳动力，人人都能干，却要在全国招商。全国招商的生产成本肯定要比当地的生产成本高，因为外地的加工成本要加上通信费用、交通运输费用。其谎言不攻自破。当你看到"无风险，低投入，年赚百万不是梦"的广告时，如果你相信的话，你就离被骗不远了，如果感觉自己无法分辨这些项目的风险，说明你此时还不适合进行投资创业。

（3）商家用保证金来骗钱。有一些加盟商不收加盟费，只要收保证金，是因为要确保加盟商可以按照公司所谓的划分区域经营，或者是为了保证你的经营生产信誉，并且承诺保证金可以退还。如果在签署合同的时候你还是迷迷糊糊，没有醒悟，那你缴纳的所谓保证金基本上就是别人的了。当然就算你在签署合同时将合约内容全部整理清楚，但此时钱已经在别人手里，他有一天合法地破产了，或者企业在法律范围内无力退还了，你又能有什么办法？有些商家拒退保证金的理由很多，不是说你违约了，就是你的销售金额没有达到他们的要求，总之会千方百计不让你那么容易得到保证金。甚至有的商家就明确告诉你，保证金就是不给你了，有能耐去法院起诉他。可是天高地远的，你哪有时间、金钱、精力去告他呢？

（4）这些商家以收加盟费的形式诈骗。

有一些加盟项目，你要进入此项目就必须缴纳加盟费。因为它已经是有了名气的品牌，这个收费是合情合理的。还有的收加盟费可以得到公司赠送的产品，或者经营用品。譬如，一些新店开业时公司会附赠海报、衣架、广告牌等，但是加盟费比赠送的东西在价值上是完全无法比较的。如果说加盟费少也就算了，但有一些公司是专业骗取加盟费，动不动就是十几万元，这样的更要小心。这样的公司赠送什么样的东西能和这十几万元相媲美呢？

（5）有些商家不收加盟费也不收保证金一样可以骗钱。有些商家承诺该公司的产品在保质期内如若未全部销售可以百分百换货。但是他们要求第一次进的货品数量达到一定的金额，进货额度不得少于五万元，还说这样的进货是可以百分百换货的。但是你一旦引进了他们的货品而销售状况不好，那在换货时就不是你可以做主的了，可能商家会给你换一下根本没经过市场验证的货物让你替其做实验。你再去换，多换几次，他们的态度就不一样了。多来几次你也没有精力去换了，而且每次换货的费用都是你出，钱还没有回流，但是各种费用已经又浪费了不少。

（6）有些商家骗你来公司。你如果看了某些商家的广告，打电话想了解一些他们加盟的事项，他们不会等你问什么，就说"你如果有兴趣就来公司考察吧"。可是你想一想，他能让你去，肯定是做好准备了。到了他们的地盘，就是他们做主了，只等你入瓮。如果有商家说"你最好亲自来公司看一看"，你就也要小心了。某些公司很专业，他们能让你到公司考察，其实已经有很大的把握，就像布局一样，布好了就等你进来。公司上下员工骗术已经炉火纯青，比演员还要专业。也可能你到了他们的公司看出破绽，不会加盟，但是宝贵的时间和路费也不少。

（7）考察这些商家的公司。

你如果真的到了那个公司，说明其招商人员在电话中的态度是比较好的，但是你也要小心，要从几个方面了解这个公司的实力：第一货物的品质；第二货物的价格；第三公司的经营执照。如果你想加盟某一类似的项目，千万不要只看一家，要多看几家比较一下，从中辨别真假和优劣。

（8）这些商家有加盟店。

按照国家的一些法律，要做加盟的公司，一定要有自己的直营店。这是很重要的一点。如果没有，你根本就不用考察什么了。这样的公司基本上不是假的，就是违法的。

我们针对招商加盟项目提出了一些注意事项。在你接触这些项目时，一定要擦亮眼睛，保持清醒的头脑。其实，负责任的商家，要对加盟者有一个很专业的评估和考核，不是哪个人拿了钱，商家就把项目在一定范围内交给他来做的。像肯德基、麦当劳的经营权就不是轻而易举可以获得的。什么样的人都能做的项目一定不是最好的项目，最后被商家和这些人一起毁掉。想了解有关特许加盟方面的知识，大家在网上可以查到，或者买本专门介绍特许加盟的书详细了解。

如果是你自己创造的商业机会，你一定要注重以下三点：第一，它能吸引客户接受，有市场；第二，它能在你所在的商业环境中畅行无阻；第三，尽管与众不同，但你自己有很大的把握这个商机能获得成功。

好了，我们把该考虑的都考虑了，你可以静下心来，做一个你人生创业的重要决定。

你的创业项目是：

确定一个适合你的项目，要比你努力做一个不适合你的项目更重要。

做起来一个是事半功倍，一个是事倍功半。就像现在成功学所讲："选择比努力更重要。"你也可能有多个项目想法，你要根据自身的创业资源优势，最终选定一个你真正要做的。

你一定要把这个项目写下来。从现在开始，你首先要准备一个本，一支笔，这两样东西随身携带，你先把你的创业项目写在第一页，第二页写上你创业的优势条件表，第三页你要写一份实用的"创业可行计划报告"，这个报告一定要写出来，把必需的主要问题都考虑到位。这个报告是写给自己的，不是写给别人的。因此一定要客观、实际、不花哨，可操作性强，尽量多考虑些负面问题，考虑得越具体周全，你在运作过程中越会注意这些问题，提前预防，提前做好解决的办法。这个就是你开始创业的作战计划，你就是元帅。你应该在报告里写好以下几个方面。

（1）这个项目市场对象是谁？也就是你的产品和服务的对象是谁？具备什么样的特征。

A.消费对象是企业还是个体消费群，还是给下家商家供应等。

B.你经营的地区是什么？某个居民小区还是你所在的行政区或者整个地区。

C.一定范围内做市场调查，你提供的产品或者服务，你的消费对象能接受吗？是否超前或者不成熟，咨询一下你周围的人、生意上的朋友，向他们请教，帮助判断项目可行性。

D.你这个项目竞争优势是什么？在当地是否仅有你一个此类项目？你是第一个吃螃蟹的人，那你就要论证你这个项目是否超前，你的服务对象能否接受？因为有些东西在一个地方市场很好，但是在别的地方就不行，这种情况体现在各个行业。一个老板在相邻的两个县城各开了一个火锅店，一个生意很好，另一个却很差，而生意差的原因就是当地消费者在口味上不能接受火锅。

你是市场竞争者吗？要说竞争，在这个社会，没有哪一行哪一业没有竞争，除非是垄断行业。正因为有竞争，企业发展才更加快速，社会发展才会更多元化。如果只希望在风平浪静的日子获得创业的成功，也许只有梦中才能实现。

你参与一个竞争行业，那就要看你的竞争优势了，你必须在质量、价格、服务、档次等方面的服务，要比你先入这个行业的竞争者，胜过一筹。假如有10个条件，那这10个条件中你至少能做到8点以上要比原来的好，其他两点也不要比别人差，你才可以进入竞争。否则你拿什么和人家竞争，又凭什么让消费者来到你这里消费？

（2）这个项目总投资多少？分别用在什么地方？

A.是否需要进货，要多少资金？

B.是否需要店面，或者办公室，或者生产厂房，房租多少？

C.是否需要正式开张的前期经营费用（注册费用、交通费用、电话费、招待费、广告费、加盟费、保证金或者其他不可预见的费用），大致要多少？

D.是否需要装修或者厂房改建费用，大概要多少？

E.是否需要经营用品（办公桌、电话、电脑、收款机或者经营设备），大致要多少？

（3）你能完全筹到这笔资金吗？能保证及时到位吗？你能否再多加20%作为备用金？

需要资金的创业项目，在具体实施前，要保证资金到位。即使不能到位，你也要有最大的把握将项目运作起来，当需要这笔资金时能够及时补上。否则要耽误很多事，而且加大了经济成本和时间成本。要么，你有能力让别人先为你承担这部分投资，比如让设备供应商、装修商等来承担投资。具体做法就是这部分投资纳入在整个计划中，找好这部分的服务商，通过谈判，以合同的形式确定下来，由对方完成后再支付。或者先首付一小部分定金，对方完工交付后再付余款。但大多情况下，余款是要等你的生意运转后慢慢支付的。这么做需要你有很强的谈判能力，能够取得对方信任，或者对方为了招揽业务，也接受这种方式，那么之后你要有好的耐心接受对方一次次的要账。有经验的创业者操作起来比较容易，对于没有经验的可能要困难些，一旦生意干不起来，可能你还要面临官司的纠缠。

需要资金的创业，对于没有创业经验的人，在资金上还是要尽量准备充足到位，最好能再有20%的储备资金。

古人讲："车马未动，粮草先行。"其实创业和打仗也一样，创业是"项目未动，资金充沛"。资金没有了压力，对于初始创业者来说就解决了最大的一个问题，能便于把更多的精力放在如何经营上。而20%的储备金作用是生意刚开始，不可能一帆风顺、利润滚滚，要有一个市场开拓期。如果这时的收入不能满足正常的运转，处于亏钱阶段，可是各种经营生产费用需要支出，要给员工支付工资，怎么办？或者即使不亏钱，但是赢利部分不能满足开发市场的费用，还需要资金投入，怎么办？那么这20%的储备金就派上用场了。再者说，有了储备金，在可能出现问题时有了坚实的后盾，也就敢于放开手脚去进行开拓。有些生意就如同烧开水一样，眼看就要开了，但是没有燃料了，其实就差那么一点，眼睁睁看着不开。如果生意中途没有资金了，再借不到，那对于初创业者的打击是非常大的，所以最好储备好这笔资金。

（4）是否需要工作人员？需要多少员工？需要什么样的员工？怎样招聘这些员工？他们的工资要多少？是否涉及吃住问题？诸如此类问题，都要周密考虑到，但有一条务必牢记——保证员工的工资及时支付。开业前期除非你是一人店或者一人公司，你可以不用向他人支付工资，只要你雇佣员工你就有工资的开销。开业前期员工的工资是省不得的，而且要准时开，并按当时怎么定的来支付。前期的员工是你打天下的"星星之火"，是你的团队，你必须维持他们的干劲，让他们有着饱满的精神帮助你经营企业，开拓市场。但是这些人不是合伙人，所以在薪水上不要出差错，否则弄不好让你的创业未到"燎原"就灭了。对于员工，工作干得好的最好还要奖励，如果困难，也要把感激的话说出来，等生意好起来时，再给大家补上奖励。创业初期员工的工资是省不得的，再困难也要及时兑现工资。

员工能到你的公司工作，目的就是为了找到一份工作，特别是一些刚踏入社会的年轻人，每个月的工资就是他们生活的保障，如果你不能及时发工资，会让大家对这个企业失去信心，对老板的信誉产生怀疑。而且你刚开始创业，需要的也是全体员工共同努力，把生意做起来。

（5）如何利用你的优势条件节省以下费用？

A.产品货物方面

你要和上家多次谈判，多沟通感情，特别是直接负责你的那个业务人，争取和他成为朋友。只有关系熟络了，才能获得最大的优惠支持，甚至你只需50%左右的货款就可以拿到货物，也可能由他给你担保，获得100%支持。在一起吃喝玩乐时，你想办法了解到他们公司的经营政策，在取得他的信任后，得到他的帮助或者拿到最优惠的条件，另外本身在熟悉的过程中也能更多的了解这个公司和产品，有些疑问的地方，可以去验证，只要钱在你手里，主动权就在你手里。

B.你能找到最低费用的经营地点吗？

找到能减免租金的新商业开发地或者写字楼，以便于节省房租费用。另外如果各地都有各种优惠政策的创业园，你是否需要想办法按要求进入创业园办公或者生产，因为这些地方几乎不要房租，甚至还有其他的优惠政策。

C.你是注册公司还是个体户，哪个更有利注册哪个。

注册个体户费用低，快捷，一般初始小资本创业者可以优先考虑注册这个，一个是不烦琐，另外执照名字可以专业化，让人看起来更像一个公司的名字，比如，工作室、商行、专卖店等。

国家对公司和个体户有一些优惠政策，各地不一样。你在注册前需要好好了解一下，最好咨询一下你这方面的人，比如生意场上的或者工商关系，他们会告诉你一个最佳方案。

D.办公用品能否买到旧的？

初步创业，购买折旧的办公用品是一种非常好的选择。电脑、办公桌、产品展示架、展示柜等都可以买到八成新的，但价格却在五折以下，用起来一样，还节省了开支，而且这并不会对企业形象造成影响。如若资金实在是紧缺甚至可以使用租用的方式来填补办公用品。因为对于一个初始创业者，前期一定要节省费用，毕竟创业之初，运用资金的地方会很多，很多超级富豪在创业之初也一样勤俭、节约。现今的创业市场，大家更注重实际，中国有句古话"死要面子活遭罪"说的就是这个道理。现在穿衣服流行一句话，叫"穷穿貂，富穿棉，老板一色穿休闲"，是在说现在社会上人的穿着状态，这句话的目的就是告诉大家：家境富裕的人尚且知道节俭，何况刚开始创业，未来尚不明朗的人呢？

E.经营费用的节省

交通费、电话费、招待费、广告费、加盟费、保证金或者其他不可预见费用，这些费用不但开业前要计算清楚，经营中也要控制。交通费可能一般会很少，如果常用车，可以租个固定的车，讲好价钱，用时打电话，其他时间那就根据情况了。但是，大家记住，时间也是成本，武汉去北京坐飞机3个小时，火车15个小时，飞机要比火车贵，但是你多了12个小时的时间。因此创业初期如若认为此次机遇相当重要，也可能尝试选择节省时间，以用来抢占先机。

电话费也可以节省。通信业的发达和通信运营商的竞争，给我们提供了越来越多的通信产品，节省这部分费用主要看你的业务性质，你可以根据你的业务性质，估算一下你的话费多少，选择适合自己的电信套餐。像文件和图片传输可以借助互联网，用电子邮箱或者社交软件都可以，或者在传输大型文件时使用各种网盘进行传输下载。作为一个信息化时代创业的人，一定要学会互联网的传递信息的作用，而不仅仅是娱乐。

广告费也是一笔大开销。现在媒体很多，电视、报纸、影视网站、刊物、短视频平台等。选择广告途径主要是看做广告的目的是什么？根据广告目的和受众群的不同选择不同的媒体。

比如说业务刚起步时，开业宣传采用了短视频宣传的方式，而招聘利用了大众普遍使用的招聘软件，既有效果又省钱。针对白领人士，选择写字楼楼宇电视广告；而针对韩国人宣传则选择了一本韩国刊物，效果很好也很有针对性。这样的广告是不是也要花很多钱呢？其实，也可以不花钱做广告，或者花一部分。比如采用抵顶，就是用自有的子产品或者消费券来进行宣传。做广告你要先做打算，和业务员联系上后需要等着他来找你。等他的最低底线达到你的满意度时，你再和他签合同。如果和媒体单位接触得多，你会发现，到年底的时候，许多媒体单位什么都发，超市会员卡、食品、电子产品等，这些都是可以广告抵顶的。所以你做广告时，是不是也可以这样和他们商谈呢？说不定接受了你的服务或者产品将来还会成为你的客户。比如你的创业项目是KTV，我们可以给许多媒体广告来代替宣传费的KTV券，他们用完后，还会回来消费，当然我们会给他打折。

招待费也是生意场上难免的，它在业务往来上起到加深感情、交流信息的作用。招待客人大有学问，如果你觉得本次招待很重要，或者对方很讲究，那最好到一个高档次的地方；如果人少，对方很随意，那就去一个吃饭可口的地方。

一般高档的地方往往使得大家比较约束，有特色的地方往往吃得很好，但是没排场、没档次。如果大家熟了，就好办了。

引进新项目有的可能涉及加盟费和保证金。加盟费和保证金的支出，有非常深奥的学问在其中。正规的大品牌收取加盟费和保证金是肯定的，但是一些二流的特许加盟企业收取加盟费和保证金就比较有弹性，这时就需要看你谈判的力度和获得支持的程度了。可能因为关系密切不用交，也可能交50%，以后再补上。

另外，涉及这类项目一定要谨慎。有些经过包装的骗子公司搞一些小项目，收取加盟费和保证金，至于你能不能发展起来则是另外一码事，等你觉得不对时，这种诈骗公司就已经蒸发了，本书阐述也是为了提高大家的判断力。

上面是我们在核定项目时考虑的相关问题——项目的市场可行性、项目的资金问题、项目的人员问题等。下一步就进入了项目实质性的筹备操作阶段，直至开张营业。如果你觉得仍然没有把握，最好的办法还是到一家你要上的项目单位里打工学艺，实地分析考察。那样的话，尽管要花些时间，但是你将来做起来会少走弯路，成功的把握会更大。

创业前你要干什么

确定一个项目之后，就要进入实质性操作阶段。每个项目不同，所做的筹备工作也不一样。每个项目的发展方式，也各不相同，有的简单些，有的要烦琐些。选定的创业项目不同，前期筹备工作也不同，难易程度也不一样，但一般主要集中在以下几个方面。

一、前期工作：立项相关工作（例如货源、技术）。

二、中期工作：项目组建工作（资金到位、员工培训、选址营业、相关执照策划开业等）。

三、后期工作：项目盈利计划工作（把你项目的服务、产品销售出去，产生利润）。

具体主要涉及以下10个问题：

（1）确定项目的目标用户。你的产品的相对优势是什么呢？把大家的意见集合起来，以确定产品的目标市场。其实我们在定项目的时候，这个问题已经考虑了，在这时考虑就是为了进一步确定是否定位准确。比如做通信，同样的产品，既可以做个人客户，也可以做企业客户。如果定位个人客户，这个生意很难做大，甚至都不能去做，而定位企业客户，却变成一个很有前途，消费很大的市场。而做KTV，同样的道理。最初只定位大众消费群，但是这个消费群体在当地消费低，消费群体不成熟，并不能带来很大利润。可是，加入商务消费群体后，这个消费群体给企业带来了黄金利润。所以目标客户定位准确，就如同企业直接走上大路一样，少走了许多弯路，企业就能尽快发展起来。

（2）进行必要的市场调查。我们要对潜在客户做必要的市场需求的调查。对于初始创业者来讲，我们不可能那么专业，但可以通过以下几点方法来判断——向周围亲戚朋友了解意见；向相关行业人士请教；向当地行政部门咨询了解。如果项目能在小资金或者在小范围尝试经营最好了，那样可以投石问路，反馈的信息更准确，更能把握确定项目的可行性以及后期的操作方案。

（3）组建创业（员工）队伍。"万事人为先。"关于创业人员的组成和素质，是很重要的。对于初始创业者，关键在于所选员工能否安心为公司好好工作，并适合这个工作，要求不可能太高。谁都想找到好的员工，但是你要先看看自己能不能招来。每年的人才招聘会，都会出现这样的情况，一方面很多小企业、不知名企业招不来人才；另一方面一些大企业、知名企业被挤破门槛。对于所招员工，能招得来，又能最大限度发挥他的能动性，在最短时间内认同你以及你这个企业，才是最重要的。一个新生企业，如果在初期就招不到人，留不住人，老板天天四处招聘员工，哪还有时间去考虑企业经营问题呢？所以对前期员工素质要求不要太高，太完美。很多初始创业者没有经营过企业，没有管理过团队，往往期望过高，结果始终找不到满意的员工，反而把企业发展不起来的原因推给员工，埋怨自己的员工不行，而你有没有认识到自己企业是否有实力招来金凤凰呢？这和找对象有什么区别呢？谁都想找到才貌财三全的意中人，可是自己有时需要照照镜子，自己是否才貌财三全呢？古语讲门当户对是很有道理的。

（4）确定公司名称。为公司起个好名，因为好名字可以帮你在消费者中加深记忆，赢得好印象。企业走向市场，必须给顾客传递很多信息，而其传送的第一条信息，就是自己的名字。对于初始创业者，企业的名字尽量好记、易懂、和所经营的内容相符。像"海湾润滑油""哈尔滨啤酒""新郎西服"，大家一听名字就知道企业的经营方向，而不要让人费解，或者还要为名字跟客户解释。企业发展不起来，赢得不了消费者的重视，你起的名字再大又有什么用呢？比如开一个通信公司名字叫"海通通信"，而广告语也很通俗易懂，"海通通信，帮你节省话费""海通通信，话费节省专家"，别人一眼就知道你是干什么的，客户能在短时间记住你，并能快速传播。

（5）筹集原始资金。市场调查和产品可行性分析所用的资金毕竟还是少数，但正式的生产和销售所需要的资金就要大多了。无论是股东集资、银行贷款、对外举债还是个人资产，此时你必须考虑资金的到位问题。在前面创业的条件中谈到了如何筹集资金，也在核定项目中谈到哪些方面需要资金，同时最大限度地再筹集20%的备用金，以备应急和后续发展所用。

（6）注册成立。到工商管理部门和其他一些企业管理部门办理正式的成立手续，主要是工商、税务，有可能会涉及文化、卫生、环保、消防等部门，因为你经营项目很有可能涉及这些部门。经营项目不同，可能涉及部门不同。一般个体户或者个人公司的注册，自己一人就能成功办理。如果是股份制企业或者注册额较大的企业，可以找会计师事务所代理，尽管要出些费用，但是节省时间和精力。

（7）公司地址确定。

由于所定的项目不同，经营地点肯定有所不同。是写字楼、临街店面、还是工业厂房，这是在项目定下来后，就应该有所打算的工作，甚至要走在前面，一定要和你的项目相吻合。如果说机会是"天时"，那么你所在的地区和你要选的地址就是"地利"了。"地利"问题就是我们租赁生产经营用房必须注意的问题了。购买或租用生产经营用房，不仅要考虑地理位置、周边环境、交通状况、人流量及人气，并且签订合同时，要和真正的产权所有人签订，产权所有人不能直接签订，也必须由产权所有人委托代理人签订，避免以后产生不必要的麻烦。创业者依法签订的生产经营用房租赁合同为有效合同，在得到工商行政管理部门认可后，才准予办理注册登记手续，获得生产经营的资格。

具体租赁生产经营用房还要注意以下相关事项：

①房子如在居民区，产生噪音或污染，只要居民举报，环保部门就会予以查处。

②是否会在租赁期间因道路拓宽、旧房改造而拆迁，影响使用。

③租赁的房屋水电是否能正常使用，而不是临时水电，以免发生纠纷。

④租赁房屋期限要合适，根据生产经营项目发展方向确定，一般三年左右。

⑤装修要根据租赁期确定。租期长可装修得好些，短就没必要投入太多资金。

⑥租金支付要适宜。有经济能力可按年支付，没有看情况能否和房东商量半年或季度交纳。

⑦租金交纳要及时。租金交纳不要在合同上埋下隐患，比如，一定期间不交纳房租，房东有权回收房子，关系看似再好在合同上也不能马虎大意。

⑧要在合同上明确，租赁期满，承租者在同等条件下可优先租赁。创业者在几年的经营中生意越来越好，并闯出了知名度，生产经营地点则不宜经

常变动。

（8）建立相关制度。其实制度主要看你创办的企业能不能用得上，如果是自己开店或者夫妻店则没有必要建立制度，完全靠个人自觉性；如果涉及外人或者超过三人的店铺或者公司，则一定要建立相关制度。虽然建立一些基本规章制度和管理办法开始会不太完善，但是有一个基本的运行框架是很必需的。有人觉得在创业先期，人少没有必要建章立制，其实这是不对的。没有规矩不成方圆！很多时候，因为没有制度，处理问题便没有依据，自然会产生各种法律纠纷和说不清道不明的乱象状况，所以，规章制度还是非常有必要建立的。这些规章制度无非就是管人、管事、管物、管财相关"章法"，这方面在网上和书籍中都可以查找到，可以作为参考，作为"大框"，在大框的基础上，再根据自身的特点加以确定，并不断予以完善。

（9）进货以及生产经营办公设备。商业性质的企业需要进货，这些货物我们要考虑它的保质期，季节性、存放等相关问题；生产性质的企业不仅要进货还要购进生产设备，这要根据你所经营的项目不同而不同，有些生产设备可能还需要厂家安装、培训使用等。无论生产或者销售的企业，都要购买必要的办公设备，这些设备要注意它的功能实用性。我们在前面谈到办公设备可以买二手折旧的，以用来节省费用，即使资金充足也要注意节省。只要我们的生意没有开始正常运转产生利润，前期经营几乎是花钱如流水。购买经营物品是必需的，但一定要注意价格，很多时候，东西一样或者性能差不多，但是价格却相差很大，不要当了"冤大头"，花费不必要的资金。

（10）员工培训。对你所招收的员工进行必要的岗前培训，明确岗位工作、技术和纪律等方面的要求，这个工作是企业一定要做，必要时还要形成规范的事情。一定要让员工知道该干什么，不该干什么，避免时间成本的浪费。员工入职前的培训，我们称为岗前培训。这种岗前培训不要教条化，形式化，要根据企业需要而定。如果只有自己家人或者一两个员工，最好的办法就是言传身教，现场解决的方式更好些，大家多沟通，有问题及时解决。比如聘请一个司机兼安装工，除了单独教他外，还要领他到现场当面解决几次问题，有过实战经验后他就能够熟练上岗了，不但自己就可以单独工作了，还提高了工作能力和效率。如果员工在三个人以上，那最好拿出一定时间专门组织培训学习，必要的话还要请专门的老师来培训。比如在一个美容院开业前，要专门聘请管理公司的老师，对员工整整培训了一个半月，而且还进行了模拟训练。培训的内容有许多方面，涉及技术、销售、礼仪等，这些都要认真对待。在某些行业，特别是涉及技术上的，更马虎不得。

企业员工的培训应该是长期的，可持续性的。据国外一份统计资料表明，企业对员工的培训，其投入产出的综合经济效益比为1：50，也就是说对员工的1元培训投资，产出50元的经济效益。所以，在日本，企业的员工每年有四个月的带薪公费学习，德国员工有两个月的带薪公费学习。通过培训，可以让新员工掌握新工作的必需技能，适应新环境；使老员工做到知识和技术的更新换代，不断提高岗位技能的素质。

企业长期的培训能够提高企业员工整体素质。高素质员工队伍是企业制胜的法宝。唯此，企业才能有效增强竞争力，才会更有凝聚力和向心力。通过培训，员工的知识增多、能力得到提升，才会减少工作中的失误和无用功，提高员工创新能力、工作质量和工作效率。通过培训，可以有效降低企业成本。日本的一份研究报告表明：在企业中，一般员工的建议可使成本下降5%；经过培训后，工人的建议能使成本下降10%～15%；而受过良好教育的工人的建议更能使成本下降30%。另外，有计划的、阶梯性的培训可有效增强员工的企业归属感。由此可见，教育培训对企业是有百利而无一害的，对企业会产生十分积极的作用。

以上是我们企业开办过程中常见的前期筹备基本内容。由于创业者的项目不同，各企业在筹备中的内容肯定会有差异，这可根据具体情况适当调节。概括地讲，就是没有绝对的筹备模式，根据客观情况做适当的变化才更实际。一句话，适用就好。

有人把创业过程比喻成生孩子、养孩子的过程。

①怀孕期＝创业之前的准备。这个时候是充满憧憬的。前期各个方面的准备和我们为孩子出生前准备衣服、营养品等甚至无甚差别呢？两者一样是那么充满希望和辛苦。给孩子取名时是想了又想，给企业取名不也一样，也是想了又想吗？

②满月哺乳期＝创业第一年。生意开张了，如同孩子生下来了，这是最手忙脚乱和心力交瘁的时期，也是最容易出现问题的时期。孩子在这个时候什么都不懂，毛病又多，完全是靠父母亲力亲为，耐住性子去抚养。企业主刚开始创业的第一年也是一样，又当爹又当妈的，事必躬亲，老是怕企业有哪一点做得不好，会被淘汰，生存不下来等。可是等到我们的孩子生存下来了，我们就会感到很欣慰，也不会那么紧张了。这期间要是有双方任何一方的父母在身边就好多了，父母有过抚育孩子的经验，所以很多年轻人生孩子时，都希望有父母在身边照顾，这和我们希望创业第一年身边有个人指导和帮助不一样吗？

③儿童时期＝创业5年内。这时孩子还是需要父母细心照顾，营养问题、健康问题、初期教育问题都是很费心的。这时孩子的发育非常快，就像我们的企业发展非常快一样。可能我们需要雇个保姆或者找个专职全托幼儿园，

这和我们慢慢地放手让别人分担一些企业事情不也一样吗。这期间，因为企业的制度文化还没完善，企业内在能力还没达到自己照顾自己的程度，老板还是要自己紧紧盯着，同时也开始真正地为放手做准备，去寻找专业的管理人员帮助自己管理公司，就像给孩子找个阿姨或者幼儿园似的。

④少年时期=创业8年内。这时企业和孩子都已慢慢长大，可以照顾自己了，孩子可以自己上学放学了，甚至已经有了判断能力，知道事情轻重对错。这期间，父母和老板都不用怎么管了。这时考虑的是企业怎样更大发展的问题，就像父母想着让孩子上大学，老板想着让企业上市一样。我们可以看到，经营之道和生活之道是一样的道理，都是先苦后甜，是一个时间过程。

由于每个行业特点不同，为创业项目前期筹备并操作的工作也有所不同。对于没有经历过的人可能觉得有些复杂烦琐。没有经历过的人，在具体操作过程中，要尽量向有经验的人取经请教，这样会省很多时间，也少去许多麻烦。这也是我为什么在前面强调经验的重要性和人际关系的重要作用的原因。

如何降低创业风险

大多数人创业担心的就是风险。然而，任何创业都不可能没有风险。付出与回报是成正比的，你不承担风险凭什么比别人多拥有一份事业呢？市场经济竞争的残酷决定了这个世界没有零风险的创业。如果你执意去找一个零风险的创业机会，可能你永远也不能创业。风险也不是绝对的，风险是可以控制的。从最开始你就要考虑风险，甚至我们要有"为创业交学费"的风险心理准备，以及将来出现风险时的控制能力。如果你从创业前就有效规避风险，或者准备的充足，可能风险就沾不上你，也就是说，你的风险几乎很低。用《穷爸爸富爸爸》作者罗伯特·清崎先生的一句话说："投资是没有风险的，有风险的是投资者本人。"

为什么会出现风险呢？

你的创业是由你来做主的，如果说有风险的话，那么创业的人——也就是你才是最大的风险起源点。除了在创业过程中出现突发性风险，很多时候，你其实像一个技术还不熟练的司机就直接开始上路一样，从开始你就是带着不同程度的风险创业的，具体原因如下。

没有先去经营你自己，创业能力不具备就开始创业了；创业条件资源不具备就开始创业了；没有根据自己创业资源条件来确定创业项目；创业项目本身就有问题。

为了更有效说明这个问题，我们以开车来做比喻。开车有风险吗？有，但开车的风险是可以控制的。

我们绝大多数人都明白这样的道理：开车之前要学会操纵车辆，所以我们要花时间和金钱去学车，考取驾照。我们要经过三次考试——驾驶理论、场地驾驶技能考试以及上路实战技能考试，三项都合格后才能拿到驾驶证。由于每个人的天赋不同，有的学得很好，有的要差些，但是这并不造成太大的差异。你要学会开车，当然要付出时间和学费。创业也一样，创业之前经营你自己，学习创业知识，提高创业能力，这也是要付出时间和学费。生活中很多人在创业之前不懂得花时间去学习创业，就如同一个不懂得开车的人把车开上路，如果车毁人不亡那就算是万幸了。这就是为什么很多人创业却失败的主要原因了。

考试合格后，驾驶证拿到手了。但是并不能证明你现在就是一个驾驶技术很高的司机。你这时并不敢单独上路，这和创业初期一样。此时你希望旁边能有一个能熟练开车的人，这样你心里踏实。不熟练的地方他给你指导，关键时刻他叫你踩刹车。逐渐的你开始熟练起来——你具备了识别路标的能力，你也知道根据各种路况和天气情况如何驾驶，你对你要开的车性能也熟练了，你也越来越有信心了，你综合开车的资源能力具备了，你敢独立开车了。这就如同具备创业条件资源后才开始创业，成功的概率更大了。

可是为什么每年还有很多司机发生交通事故呢？我们看看发生事故的主要原因吧。无证驾驶、买证驾驶、疲劳驾驶、酒后驾驶、打电话驾驶、注意力不集中驾驶，还有很多低驾龄的驾驶。前几年，北方某地高速路上频发重大交通事故，后来经调查发现很多司机都是买的驾驶证。明知道这是违法行为，还去买，从拿到驾驶证的那一刻起，巨大的风险就已经在他身上了！就好像一个人仅仅有资金就贸然创业一样不理智。如此这般，一时不失败的是侥幸，但失败是必然的。

低驾龄的人出事故，主要是技术不熟练，但一般不会出大事故。小王买车那天就是小王拿到驾驶证的当天。挂牌等等手续都是朋友开车给办的，小王不敢开。当天晚上一位朋友请客，小王就开车去了。吃完饭一开车不知道车灯怎么打开。原因是我们在驾校学习时都是白天，自己也疏忽了夜间开车灯的事，又不好意思问别人。好在吃饭的酒店离家近，一路又有路灯，尽管没打开车灯也把车开回来了。第二天看车的说明书小王才知道怎么打开车灯。第三天就把车前面的保险杠轻微撞坏了，第13天竟和一个酒后驾驶摩托车的人撞在一起。那个人当场就掉了两颗牙，重重地摔在地上，满脸是血，小王的车门被撞坏，修了一个星期。由于小王当时是左转弯控制不当，负有一定的责任，扣了两分，罚款200元，对方医药费和双方修车费按责任分摊了。小王分摊的部分由保险公司承担了。后米又发生一次被别人轻微追尾的事故，再以后就没有发生任何事故。这和我们多数人欠缺创业能力就去创业而导致失误或者失败又有什么区别呢？

疲劳驾驶、酒后驾驶、打电话驾驶、注意力不集中驾驶，诸如此类的驾驶出事故，就如同自己走上创业之路后犯了不该犯的错，结果损失的还是自己。仟何事物都有自己的游戏规则，创业也是如此。既然已经上路了，那就要按安全创业的游戏规则走。千万不要违反游戏规则，抱着侥幸的心理去做，否则最终是自己害了自己。

我们害怕风险，是因为我们大多数人都是普通人，我们的财富不多，承担创业失败后果的能力有限。既然我们明白了创业风险的来源，从开始就要控制这些风险源头。创业存在风险是正常的、客观的，所以我们不要害怕风险。一般来讲，风险总是与创业结伴而行。那有无办法降低、规避创业的风险呢？

办法当然有！那就是——先去经营你自己，学习创业知识，提高创业能力；积攒创业条件资源；根据自己创业资源条件来确定创业方向。这一切准备得越充分，成功的概率越高，风险越低，甚至为零。

创业一旦开始了，就要全神贯注地把握好"方向盘"，不急不躁，不要做影响稳健发展的事，快慢有节，张弛有度，需要停时就停一下，不要"闯红灯"，不要违章。创业之初困难多些，你须迎难而上，勤练"技能"，持之以恒。慢慢地，你的"驾驶"技术会越来越好，"交通事故"会离你而去。或许有人会说："我不撞别人，别人还撞我呢！"尽管你驾驶技术很好，但碰到了也没办法。其实这和我们遇到的自然灾害一样，但概率很小。如果你系牢安全带，车内再有安全气囊，至少生命不会有危险。车买了保险，在经济上也不会有太大的损失。给车买保险不就是为了给突发性、不可避免的交通事故作准备和预防吗？如何才能降低自己开车风险和创业风险呢？

开车前检查一下车况及油量、水量，听一下发动机是否异样（我们在创业时每天不断检查经营状况，能否良性循环经营，比如餐饮业中的卫生、服务、食品质量）。

车上备品是否完好。如备胎以及装备胎用具等，下雪天准备个小锹或者防滑链（比如我们企业的备用资金、备用品、备用人才）。

出远门时注意天气预报。大雾天或者大雨天要特别关注，大雪天尽量不出门，必要时可以打车，花点钱不要紧，自己的车不完好无损吗（比如我们关注行业信息，情况不好时可以不接风险含量大的业务；情况特别不好时，就停一停，等行情好时再接着干，要有"留得青山在，不怕没柴烧"的思想）。

不酒后驾驶、不疲劳驾驶，一旦太疲劳了，可以把车停在一边，休息一小会再走。开车时尽量不要打手机，或者注意力不集中，脑子里想别的问题开车（比如我们不要在经营期间狂妄自大，做一些错误的决定，不精心尽力去经营，玩心太重，专注力不够，每天其他挣钱想法太多）。

遵守交通法规。不违章超车，小心罚款和吊销驾照，不要和违章开车的人斗气，和前后左右的车保持距离，有规定的路段不超速行驶（比如我们为了短期利益，违法经营，欺诈客户，为了和竞争对手竞争，赌气采取不合理的手段，导致两败俱伤）。

我们在创业前就必须对风险做出分析和判断，根据自己项目特点有效做出对风险的规避和预防措施。创业前我们把风险考虑得越周全，越能提前预防，我们创业途中风险就越低，相对成功率就越高。甚至把握风险，利用风险进行投资创业。

第四章

利用风险投资创业

我们常说，风险越大，收益越大。就像大海在风平浪静时，大家都有着同样稳定的打鱼收益，所获收益相对来说就较少。但如果在大海掀起狂风巨浪时，敢去远行打鱼的人就能够收获极高的利益。但高收益就伴随着高风险，如何掌控风险，为我所用，就是本章要讲述的内容。

风险企业家需要具备的素质

风险企业家也是成千上万的创业者中的一员，不过是成功的风险创业者。尽管成功的风险创业者不一定是风险企业家，但是风险企业家一定是一名成功的风险创业者，是风险创业者中的佼佼者。

如果你是一名创业者，想成功开创出自己的事业，那就必须努力向风险企业家的目标攀登。记住，在风险投资界有这样一种说法，"风险投资第一投的是人，第二投的是人，第三投的还是人。"一个成功的风险企业家，必须具备如下几方面的个人素质：

一、具有丰富的主观人力资源

想成为一名成功的风险企业创业家，必须拥有某种天生的素质，所谓"天赋异禀"，他在性格、心理素质、行为倾向上都比常人更适合于创建并经营管理一家风险企业。这些特点主要有：

1.拥有强烈的梦想和自信。没有梦想的人，就没有动力，不会去努力改变任何事情，更不可能主动出击。心怀梦想的人，内心的力量产生一种方向感，引导他一路前行。创业家有一种通过自己的行动改变现实、达到目的的决心，并寻求如何去做，制定切实可行计划。创业家普遍具有很强的自信心，有时让他人感到有些咄咄逼人。创业家通常非常执意于自己的决策，不习惯听命于他人，有自主掌控一切的习惯和需求。他们大多相信，企业的成长与自己的个人魅力有关。由于这种强烈的控制欲望，他们很难长时间在他人企业中任职工作。但是创业家另一方面也表现出客观的人际态度和处事方法，十分注重社会关系和网络。对外通过各种关系整合必要的创业资源，对内通过精神感染和物质利益来吸引员工。创业家必须有一种资源整合的能力，没有太多的资金不要紧，关键是要独具慧眼，在复杂的商业化竞争中发现可以利用的资源，加以优化组合才能创业成功。

创业者有紧迫感，注重效果，急于收获成果，会给别人带来压力。创业家不喜欢也不会把时间浪费在琐碎小事上，他们对人采取现实客观的态度，难免表现出不顾感情的表现。创业家不一定有高学历和许多专业知识，但他们似乎特别具有学习的天赋和思考能力，迅速把握对所接受的事物的本质及来龙去脉，做事情干净利落，对两难问题把握比较好，表现出一流的判断力，有较强的应变能力。

创业者情绪稳定，很少在别人面前抱怨。遇到困难时他们坚强不屈，坚持到底，努力突破环境。他们不会自欺欺人、乐于尊重事实，也勇于承认自己的错误，改变自己的看法行为。他们喜欢面对挑战，投入自己感兴趣的并且能控制结果的事情，乐在其中。

从创业家的来源和类型我们也可以看出他们的一些特点：天生创业家是指那些个性因素中有强烈的创业欲望，不甘心在他人的公司长期工作，有自己的一套业务设想和扩展业务的雄心，他们强烈的创业动机和不断追求的行为模式是创业成功的基础，也是风险投资家所看重的。风险投家可以为此类创业家进行适当的支持，弥补他们在管理经验上的不足，强调创业目标的现实性，强调创业家与其他管理者的合作。

2.能够承受而且乐于享受紧张的生活。在风险企业中，创业者及其合作者在获得成功之前都是非常拼命地工作（令人遗憾的是，许多拼命的创业者没有取得成功），生活节奏紧张，工作强度极大，由于风险企业家们投入了全部精力，没日没夜地全神贯注于他们的工作，几乎没有时间与家人团聚，因而造成了许多家庭的破裂。

在美国风险企业聚集的硅谷中，离婚的人数多于结婚的人数，这里的离婚率高于加州的平均水平，而加州的离婚率又比美国平均离婚率高出20%。ARD公司的创始人多里特曾对他的学生说过，做成一件事情就像追赶一辆正在开动电车，只有跟着车子跑一段路才能跳上车去。他寻找的就是愿意跟着跑一段苦路的创业家。有趣的是，他甚至作过一个有关如何选择妻子的讲座，他也曾因劝告那些年轻企业家们的妻子而名扬四方：要她们去为丈夫的成功而尽职尽责，牺牲自己。然而，还有更惨的呢！"征婚启事：白人单身男子寻找伴侣，要求对方每天午夜以后才休息，且习惯与每周工作80小时的人相处。"这是现今美国许多电脑从业者的现状，其工作之辛苦和压力可见一斑。

造成风险企业家如此紧张工作的重要原因之一，就是竞争的压力。一位行为学家曾说过，"硝烟弥漫的商场是一个每周40个小时狗咬狗的世界。如果你一周内能有效工作超过50个小时，那么朝你狂吠的狗数量将会大大减少。类推下去，持续更长时间之后，你必须成为唯一的获胜者。"英特尔公司创始人，著名风险企业家罗伯特·诺伊斯也曾把风险创业生活比喻为一场竞赛，他认为最珍贵的品格莫过于竞争精神，这意味着同风险投资家打交道，努力打败商业上的对手，赶在别人前面推出新产品，在生产和销售方面压倒他人，赚得更多的金钱。

3.敢于冒险。对于一项完全没有成功经验和成功把握的事业敢于冒险尝试而不是退让。作为一名风险企业，创建一家高新技术新公司，并争取使之成长壮大，是一种具有特殊兴奋作用的竞争，这种竞争可以说是风险企业家的最大乐趣。他们是世界上最热爱工作的一些人，时间永远不够用。许多人患有相当厉害的"匆忙症"，这是参加风险创业必须付出的一种代价，但是几乎没有人自愿退出。

在这样一个高度竞争的系统中，风险企业生存的先决条件显然是敢于冒险，连续不断地推出技术发明。因此，那些雄心勃勃的风险企业家必须为自己施加压力，加大工作强度。风险企业家尼克·拉尔森说："我们自己给自己规定节奏。如果车轮以百分之一百的速度转动，那么每天早晨我们都把它加速到一百二十。要是没有一点儿狂热，就什么事也干不成。为了激发创造性，没有比来一点恐惧和迫切感更能奏效了。""只有偏势狂才能生存"！

二、拥有渊博的知识

作为一名风险企业家，光靠苦干和献身精神还是不够的，凭本事吃饭是首要条件。要拥有渊博的知识面和深厚的理论功底，有足以应付创业中的各类意想不到的问题的能力。

在风险创业的道路上获得成功的人大多数受过高等技术教育。在一家风险企业中工作的工程师卡尔·哈灵顿，这样描述他那个小小的研究开发公司雇员们的才能："我的老板管4个主任，我是其中之一。我们4个里头有3个是博士。我的老板本人是博士，他的上司也是博士。我的同事们个个都是精明强干，知识丰富，思维敏捷的人，我得使出浑身解数才能在公司里应付下去。"这些肯于苦干的高智力技术人员，是风险创业成功的重要条件。

在技术进步神速的风险企业中工作，要想保持知识的优势，就不能稍有松懈。风险企业中的工程技术人员从来找不到时间松口气。他们是绝不可能安安稳稳地工作或闲逛的，否则就会失去知识和技术的创新能力，导致风险创业的失败。如克罗梅柯公司决定进入微型计算机市场后，在他们的新产品C-10微型计算机即将于全国电脑交易会上展出的前3天，公司的工程师们还在对它进行最后的调试。如果他们赶不上这一年的交易会，就得再等一年。3天的时间是够紧张的，克罗梅柯公司从来没有误过一次交货期限，这一次也不例外。这种经常处于紧张不安状态的生活常使人夜不能寐，但同时又使生活充满兴奋，一点也不枯燥。

在硅谷，风险企业家们为了不断保持知识上的优势地位，每年总是把企业总销售额的10%左右用于新的研究开发。而美国其他工业公司仅用3%左右。为了开发超大规模集成电路和培训人才，包括英特尔公司、惠普公司在内的18家公司联合投资，在斯坦福大学成立了"集成系统中心"。此中心由斯坦福大学电机系前主任约翰·林威尔教授主持，每年还可以培养30名博士和100名硕士。18家赞助公司有雇佣这些人才的优先权。他们还可以早期获悉和利用中心的科研成果。每家公司还可以把自己的几位主要研究开发人员派到中心去工作一年，参与中心的科研项目。由此可见，风险企业家们对于知识是何等重视。

三、善于捕捉信息

风险创业面临着高度的不确定性，因而全方位的信息获取对于风险企业家的重要性是不言而喻的。一家电子游戏公司的经理比尔·格拉布是这样谈到信息网络的："在我们的新产品售出第一批样品之前，我和我的副总经理就知道90%的潜在顾客是什么人。我们可以立刻跟几家大百货公司订合同，然后就大批投入生产。"他们正是依靠信息网络获得这种便利的。许多新的高新技术产品之所以能够在市场上立住脚，常常完全依靠信息网络的作用。英特尔公司与英国伦敦的几个工程师同时开始研制一种新型芯片。但是英特尔公司利用了硅谷中的信息交流便利，既了解清楚了市场需求，又提前6个月拿出了这种新产品，因而赢得了这场竞争的主动权。

许多优秀的风险企业家和工程师都知道如何交流他们所掌握的信息。还是这位卡尔·哈灵顿说："没人会把知道的一切都和盘托出。这就像打扑克牌一样，你得留几手好牌，才能确保安全。不会有人把所有细枝末节的小诀窍都告诉你，你也得为自己留一手，将来好跟别人交换。"

交流信息的场所和方式很多。例如，硅谷著名的"家酿"电脑俱乐部，被称为风险企业家的交流乐园，从它成立的1975年3月起，这个俱乐部的成员发起创办了22家风险企业。一次正常的俱乐部活动包括以下议程：首先是宣布有关事宜，凡有什么事要宣布，有什么东西要交换、出售、转让的，都先站起来亮相。然后是自由组合阶段，志趣相同的人们凑成若干个小组自由讨论。人们在这里交换计算机程度和电路设计，这些情报几年之后都会成为公司机密。70年代中期，沃兹奈克就是在这里把他的苹果计算机电路设计的复印件散发给大家，又从伙伴们那里得到鼓励和改进建议的。"家酿"至今仍是硅谷中微电脑专家们非正式交流信息的网络中心，风险企业家们利用它来为自己的事业获取重要信息。

但是，有了足够的信息，能够预见未来，并不等于就能自动获得商业成功。还需要艰苦的努力才能把握住新的机遇，从而到达成功的彼岸。

四、善于抓住机遇

几乎所有的风险企业在创业初期，都是利用大企业的竞争缝隙，通过开发新技术和新产品以及提供有效的技术服务，从而占领所谓的"缝隙市场"，并且尽量避免与大企业发生直接的摩擦。这就是风险企业的求生之计，发展之策，创业之路。

因此，作为一名风险企业家，要观察入微、思维敏锐而严谨，善于发现那些被大企业忽视了的"缝隙市场"，对于前瞻性的事业能够及时地作出判断并能用严密的推理来分析其前景，才能求得成功。这些"缝隙市场"虽然本身存在风险，然而一旦开发出来，总是有利可图的。一个理想的"缝隙市场"往往具备下列条件：①拥有充分的地盘及购买力；②有发展潜力；③已被主要的竞争者们所忽视；④风险企业本身有充足的能力向该"缝隙市场"提供有效的服务。

成功的风险企业家头脑聪明，富有干劲，能够很快地接纳新事物，对任何有意义的事情能够表现出干劲十足的前进活力，能够看准这样一些"缝隙市场"，推出高新技术新产品从而一举成功。他们在进入这些"缝隙市场"时，都是一些只有几个人组成的小企业，因而都采用了一种专门化的经营策略。首先是面对一种顾客，生产一种产品，站住脚后再扩大地盘。

在这些小小的"缝隙市场"中，许多小型的风险企业在其一流的企业家的领导之下崭露了头角，并且发展成为令人瞠目的"大力士"，在当今世界经济发展中扮演着重要角色。

如何选择风险投资

一般来说，是风险企业追求风险资本，就像男人追求女人，而这显然是有难度的，但他还些自主权，至少可以选择追求的目标。即风险投资的过程并非完全由风险投资家主导，创业家有权利、也有必要来选择对自己有利的风险投资公司和风险投资家，更应从不同的投资协议方案中选择对自己有利和比较公平合理的方案，保护自己的利益，充分体现自己的新产品、新技术和创业才能的价值。在选择风险投资公司时，一定要根据自身的实际情况进行选择，"合适的才是最好的"；而"最好的不一定是合适的"，因为仅仅有钱是不够的，就像婚姻。

你所追求的目标不但要长得美，还要多才多艺才好，优质的风险资本不只是资金的提供者，成功的风险投资公司会对所投资的风企业提供管理技术、企业咨询、人际资源等多方面的帮助，使之有更大的成功机会。来自硅谷的著名风险投资公司克莱纳·珀金斯公司就是一个成功的典范。

KPCB公司成立于1972年，早期投资的许多刚起步的小公司，现在已经成长为企业巨人，其中包括很多现在已闻名遐迩的公司，如康柏电脑、太阳微系统、莲花等这些电脑及软件行业的佼佼者。随着互联网的飞速发展，公司抓住这百年难觅的商业机遇，将风险投资的重点放在互联网公司，先后投资美国在线公司、网景通信公司、亚马逊等。由于这些公司的核心投资者均为KPCB公司，所以统称为KPCB家族。公司向约300家刚起步的公司投资了10亿美元，截至1999年底，其中的127家已上市（有19家获得了惊人的成功），使这些投资已经升值到3000亿美元，因此KPCB公司在硅谷有"赚钱机器"之称。

KPCB公司人才济济，它由12名合伙人组成，其中有英特尔公司的创始人之一多尔，前太阳微系统总裁乔伊斯，这些重量级的人物从不居功自傲，重视团队精神。公司的普通合伙人都有实际运作经验，有出任公司高级主管的经历，这些管理经验使他们在风险投资决策过程中能作出正确的判断，失误极少，他们选择风险投资作为自己的事业，是因为这一行业更有挑战性，更能够体现自己的人生价值。赚钱并非这些普通合伙人的唯一宗旨，他们更愿意协助企业家创立和发展企业，从而获得自己的成就感。

KPCB公司的杰作之一是对网景通信公司的进一步投资。1994年，硅谷图像公司的创立人克拉克打电话给KPCB公司的多尔，告诉他一个名叫马克·安德森的23岁年轻人发明了一种浏览器，克拉克与安德森合作，以浏览器软件为主体创建了网景通信公司，正在寻求投资，但条件十分苛刻，必须投资500万美元才能占有25%的股份。一开始KPCB公司的普通合伙人拒绝这一要求，合出500万美元给两个没有任何业务计划的小伙子，似乎太不值得。但多尔和乔伊斯却认为这种浏览器软件可能是未来10年中影响世界经济走向的技术，于是他们说服其他合伙人进行了投资。他们根本没有料到，网景通信公司上市引起了巨大轰动，他们赢得了近4亿美元。网景通信公司的巨大成功刺激了许多风险资本进入互联网产业，而KPCB公司自己更是一发不可收，相继投资并推动了10多家网络公司上市。

KPCB公司如此创纪录的盈利吸引了众多的资金提供者，包括一些著名的大学基金，如哈佛、斯坦福、MIT等。同时他们的收费也远高于同业。那么，KPCB公司的运作有哪些鲜明的特点呢？

1.KPCB公司最大的成功因素之一是发挥规模效应，使被投资公司之间相互取长补短，大大增加了新兴企业的成活率。KPCB公司家族里包含了当今网络世界的各种商业形式，可以说它的投资组合就是一个网络世界的缩影。有网络接入服务商、网络零售商、拍卖网站、搜索引擎等，几乎包括了所有的网上需求。他们很容易发挥以大带小的光环效应，迅速打响其他尚未成气候的KPCB公司家族成员公司的名气，因此能够进入KPCB公司家族，成功的希望无疑更大。

从KPCB公司家族成员开展业务以及上市历史中，可以发现其在风险企业发展中所发挥的无可替代的综合效应。例如，1997年，KPCB公司所投资的网景通信公司当时已经成为最大的网上浏览器，这意味着哪一家搜索引擎公司如果能与网景通信公司合作，将获得浏览人数的巨幅增加，从而价值倍增。KPCB公司家族的成员之一的Excite就提供搜索引擎业务，但它还是一个不起眼的"小家伙"。当时更具实力的信息搜索公司已经准备与网景通信公司签署合作协议，但凭借KPCB公司人员同是两家公司董事的优势，由KPCB公司牵线，Excite付给网景通信公司7000万美元，取得独家提供网景通信公司浏览器搜索引擎的权利。此举可谓一举数得，网景通信公司获得7000万美元，提高了财务质量；Excite公司每天增加数百万的浏览人次，但谁都看得出，所有这些利益都未逃出KPCB公司的掌心，它才是最大获益者，这是一个创造公司本身和投资人双赢的案例。

2.KPCB公司的另一个优势是实现了与技术的结合。KPCB公司的创始人之一克莱纳先生早年曾供职于著名的贝尔实验室，是一个典型的技术人员。

KPCB公司的现任总裁多尔曾是英特尔创始人之一，被比作风险投资业的比尔·盖茨。核心人物的这种技术背景，使公司对新技术非常敏感。多尔曾总结道，"对于一个成功的风险投资家，最可贵的素质是工程师的素质加企业管理者的能力，我们的目标投资质量，而非数量。我们在每一次投资中都面临4个基本的风险：技术风险、管理风险、财务风险和市场风险。其中市场风险是最大的风险。对于新创立公司如何能成功，最重要的一点是准确地切入市场。

当今的风险投资业已经过了资金为唯一衡量实力的阶段，谁能为新兴企业提供更多的综合资源，谁有前瞻性的技术眼光，谁就占据优势，谁就更会受到创业家的青睐。当然，如果创业家急着用钱，对自己及项目又不是特别有信心，也就不能挑三拣四的了。

在硅谷，风险企业家和风险投资家是一根绳上的蚂蚱，你离不开我，我也离不开你，一荣俱荣，一损俱损。赚了钱，固然皆大欢喜，可要是赔了，风险投资家的脸色当然也不会好看。对于大多数企业家来说，只要失败过一次，风险投资家就会避而远之，再谈合作，就极其困难了。当然也有一些屡败屡战，最后终于成功的事例。

由KPCB公司的情况可以看出，选择风险资本对风险企业的重要性不仅仅体现在解决融资问题，也就是说，在"选美"时更应考虑其综合素质：

1.风险投资公司的性质：风险投资公司在同行业中的声誉和网络关系；公司的组织形式是独立的有限合伙制、是金融机构下属的、还是与产业集团相联系的；不同背景的风险投资公司有不同的资源和经验创业家应该找到对自己帮助最大的投资者，不仅仅关心可以融到多少资金，更关键的是在于向谁融资，因为风险投资公司不仅提供资金，更应提供其他方面的服务。

2.风险投资家的业绩：创业家对风险投资公司和风险投资家也应该有一个调查，尤其是了解风险投资家过去投资案例的业绩，包括投资收益率和对风险企业的支持能力，风险投资家个人的特长和工作风格，与创业家的合作方式。

3.股份计算：关系到风险投资家和风险的股份比例，体现了企业现有资产的价值和未来盈利预测，双方会有不同的看法，因此可以通过可转换优先股转换成普通股的转换价格，或者化比例的调整来平衡双方的预测差异，让双方的股份比例与企业的经营业绩挂钩。

4.是否参与管理：尽管越来越多的风险投资公司倾向于参与管理，但不是全部，尤其是金融机构下属的风险投资公司，更重要的是风险企业一开始未必愿意让投资者参与管理，并对风险投资家管理咨询表示怀疑，因此双方必须就参与管理的目标、方式、程度达成共识。

5.退出变现计划：风险投资家所希望的变现计划是哪一种？如IPO、并购和企业回购，企业是否同意，如果不同意又有什么建议？如果在投资期满，预先确定的变现方法的条件不成熟而无法执行时，又有什么变通方法？

6.距离的远近：美国最著名的风险投资家之一大卫·格莱斯顿曾说过，风险投资公司一般希望就近投资，而你选择就近的风险投资公司将为你节约大量时间。试想，如果一家位于美国纽约的风险投资公司，收到了来自遥远的西班牙马德里的一家小公司寻求风险资本的申请，对方在惊奇之余会作何感想呢？设身处地，他首先会问，为什么该公司没有在当地获得风险投资呢？也就是说风险投资公司一般不喜欢创业者远距离寻求投资，当然这并不绝对。因此，创业者应尽量就近选择风险投资公司，最好是你的近邻。

7.擅长的领域：每家风险投资公司都有擅长的投资领域，它了解这一行业的发展状况，能够对你的申请做出较为正确的判断。如KPCB公司就非常熟悉互联网，因此你在选择风险投资公司时必须考虑到这一点。否则你很容易遭到拒绝，因为对不熟悉的行业，风险投资家是不会轻易投资的；即使投资，由于它对这一行业的陌生，对你的帮助也将有限。

商业计划书的写作

先看以下这个例子：乔兰和他的商业合作人李斯有一个很好的项目计划，而且他们已经自己投资10万元创建了一家公司并开始运作。销售额从第一年的42000元增长到第二年的246000元。沿着这条路发展下去，他们认为市场潜力很大，并且提出开拓市场的策略。他们认为在未来的5年里，需要200万元来拓这个公司，因此制作了精美漂亮的商业计划书——它大约35页厚，带有一个印有公司名称和标志的醒目封面。这份报告完整地提供了商业前景、市场策略等资料。他们在找风险投资家之前，希望寻求章强博士的意见。博士看过之后，问他们计划找谁投资，他们说有一个与一些风险投资家的会议安排。章强博士说："没有一个风险投资家打算买这个计划。"

如果从一个风险投资家的角度看，这个计划至少有3个问题：首先，这个计划关于投资者注入资金的预期回报能够达到多少？什么时候能还清投资？一点也没有说。其次，这份计划要求用大量的投资份额去买家具、设备和其他固定资产，一个风险投资家肯定会问："为什么要买？为什么不能减少？"最后，也是最大的问题，这份计划书还有一个小注释，这个注释说，200万元投资中有20多万元的去向是对公司领导及下属的贷款补偿。没有一个风险投资家知道创业者计划拿走10%的钱装到自己的口袋里，还会在一个项目上大量投资，他们或许将此作为一个好理由拒绝这个计划。由这个例子可以看出，商业计划书对吸引风险资本是十分重要的，因为它有时就像情书，写得好才能打动美女的芳心。那么，什么是风险企业的商业计划书呢？

一、什么是商业计划书

商业计划，又称创业计划。简单地说，就是就一项具体的创意、产品、服务，写出具体的行动计划。商业计划这个词并不能完全显示出它作为一种管理工具的重要性。它并不仅仅是为交易而作，因此我们不应该把它和大公司的商业可行性报告、年度报告相混淆。

商业计划可以说是风险投资的敲门砖，一份成功的商业计划会带给你无尽的帮助。即使一个好的创意，却配上一份很差的商业计划书，也很难吸引到投资。写一份成功的商业计划就显得格外重要。成功的商业计划的特点是什么呢？总的来说，它们都应该提供一个清晰的容易为人理解的画面，显示出商业投资的机会和风险。做到这一点并不是一件容易的事，你必须得很仔细地兼顾内容和形式两个方面。

商业计划并不是一次完工就万事大吉的。一个商业计划总是沿着基本的商业概念逐步完善的。开始，计划只强调几个关键性的因素，随着分析的深入，新的条目不断地被补充；随着新情况出现，计划还需要重新评估并加入反映这些新情况的条目。商业计划也有自己的"成长"过程。

商业计划应当简洁明了。人们在阅读一份自己特别感兴趣的商业计划时，应能立即找到问题及其解决办法。这需要一个相当清晰的结构，并不是纯粹的数据分析就可以让风险投资者们信服。如果以一种简明的方式，并按重要程度给出直接的结论却可以做到这一点。任何可能会引起风险投资者们兴趣的主题都应该被全面而简洁讨论。

商业计划应当做到让外行也能看懂。一些企业家认为他们可以用大量的技术细节、精细的设计方案、完整的分析报告打动投资者，但大多数时候并不是这样。实际上只有少量的技术专家参与商业计划的评估，许多投资者都是全然不懂技术的门外汉，他们更欣赏一种简单的解说，也许用一个草图或图片作进一步的说明会作用更好。如果非要加入一些技术细节，你可以把它放到附录里面去。

这些都是一份成功的商业计划应具有的特点。那么，商业计划应包括哪些内容呢？这有几点原则。公司商业计划书的主要目的之一就是为了筹集资金。因此，商业计划书必须说明：

创办企业的目的。为什么要冒风险，花精力、时间、资源、资金去创办风险企业？

创办企业所需的资金。为什么要这么多的钱？为什么投资人值得为此注入资金？

这些是整个商业计划要解决的问题。具体来说，商业计划一般分为九个主要的部分，每一部分又由许多更小的部分组成。

（1）概要

如果没有好的概要，你的商业计划就不可能卖给投资者。首先编制一个概要，用它来作为你的全部计划的基本框架。它的基本功能是用来吸引投资者的注意力，所以概要不要过长，不超过两页的篇幅，越短越好。

（2）公司

除了那些亲手将公司领向成功的企业家之外，没人能清晰地了解一个成功公司的任务。这部分的目的不是描述整个计划，也不是提供另外一个概要，而是对你的公司作出介绍。因而重点是你的公司理念和如何制定公司的战略目标。

（3）产品和服务

请解释你的产品是怎样打入市场的，或者说你采取了什么样的服务手段。你的产品能在市场上火起来都需要哪些条件或需求？你的产品都有哪些附加价值？你最好能在这章提供你产品的图片，使你的产品能真实地展现在投资者面前。

（4）行业和市场

当企业要开发一种新产品或向新的市场扩展时，首先就要进行市场预测。如果预测的结果并不乐观，或者预测的可信度让人怀疑，那么投资者就要承担更大的风险，这对多数风险投资家来说都是不可接受的。

（5）营销策略

在商业计划书中，营销策略应包括以下内容：市场机构和营销渠道的选择、营销队伍的管理、促销计划和广告策略、价格决策。

（6）管理和关键人物

仅仅有一个好的创意并不一定能取得成功，管理是其中的决定因素。管理部分一般是风险投资家在阅览完概要部分后首先要光临的所在。他们想从一开始就知道你的管理队伍是否有能力和经验管理好你的日常运作。企业家开创一个新的业务时，常常不对这一点作充分考虑。所以有必要写一个相当简短甚至可以是粗略的管理计划。

（7）财务分析

财务规划需要花费较多的精力来做具体分析，其中就包括现金流量表、资产负债表以及损益表的制备。流动资金是企业的生命线，因此企业在初创或扩张时，对流动资金需求要有周详的计划和进行过程中的严格控制；损益表反映的是企业的盈利状况，它是企业在一段时间运作后的经营结果；资产负债表则反映在某一时刻的企业状况，投资者可以用资产负债表中的数据得到的比率指标来衡量企业的经营状况以及可能的投资回报率。财务规划一般要包括：商业计划书的条件假设；预计的资产负债表、预计的损益表、现金收支分析、资金的来源和使用。

（8）机会和风险

这部分主要描述你的公司的市场、竞争、和技术方面都有些什么基本的风险，你准备怎样应对这些风险。就你看来，你的公司还有一些什么样的附加机会。市场上一定会有竞争者，你必须对你在竞争中说出的位置进行正确的估计。如果你估计得不那么准确，在这里你就应该估计出你的误差范围到底有多大。如果可能的话，对你的关键性参数作最好和最坏的设定。估计出最好的机会和最大的风险。通过这种方式，风险投资可以更容易估计你公司的可行性和他相应的投资安全性。

（9）资本需求

这部分主要讲项目的资本构成、总资金等内容。简单地说，资本是一个企业运行的燃料。企业要想获得多大程度的发展，就必须添加多少燃料。大多数初创企业的失败，不是由于缺乏通常的管理技巧或是缺乏适当的产品，而是由于缺乏足够的资金。事实上，许多本应当成功而实际上没有成功的企业，几乎都是由于资金短缺造成的。

商业计划书中的各个方面都会对筹资的成功与否有影响。因此，如果你对你的商业计划书缺乏成功的信心，那么最好去查阅一下计划书编写指南或向专门的顾问请教。

二、如何撰写商业计划书

商业计划书的撰写是一项复杂且专业性很强的工作，需要花费大量的时间和精力，有时甚至需要专业人士的指导。

拟写一份成功的商业计划书，是对所有创业家的最大挑战。商业计划书不但是创业的蓝图，同时也是创业家向外筹资的重要依据。许多创业家拥有优势的技术与创新的产品构想，但因欠缺创业经营的经验，以为只要产品好，市场与利润就随之而来，结果发现没有任何风险投资家愿意与他共御风险。事实上这类创业家的下场多半是创业经营遭遇挫折，而资金短缺无以为继，最后只能含恨结束营业。

现代创业行为大多是属于高风险的创新形态事业，创业家除了需要拥有好的技术与产品构想外，资金、市场、专业管理都是创业成功的必要条件。此时一份好的商业计划书，对于创业行为就显得非常关键。因为创业家要想吸引投资者的资金，首先就必须显示出这项风险投资不但可能成功，同时还会带来很高的报酬。创业家需要很明确地说出事业经营的构想与策略、产品市场需求的规模与成长潜力、财务计划以及投资回收年限，同时创业家也要证明他对市场、财务的分析预测有具体事实和依据。这时一份高品质且内容丰富的商业计划书，就成为创业家向投资者传递上述信息的关键媒介。

风险投资公司在评估风险投资申请案件时，首要的评估资料就是商业计划书，所谓商业计划书可视同于求职时的学历文凭，一份质量与内容均有所欠缺的商业计划书，常使得创业家连求见风险投资家一面的机会都没有。所以如果拟写一份符合规格高质量的商业计划书，将是所有有志创业者都必须研修的一门课。一些以满腔热忱与充满感性字眼所写出的商业计划书，内容一味地强调事业美景，至于如何达成这些伟大事业梦想，则完全付之阙如。商业计划书不同于所谓的事业远景规划书，内容架构完整与具体可行是基本的要素。事实上，没有经过相当深入的市场分析与事业管理训练，很难写出一份够水平的商业计划书。而创业者又大多是技术背景出身，较欠缺市场销与管理经验，因此往往难以提出令人满意的商业计划书。

商业计划书虽然也可作为创业者事业发展的自我参与蓝图，但拟写商业计划书最主要的目的，应该还是作为向外界筹资沟通的工具。因为几乎所有的专业投资与融资机构都是在看到一份可以接受的商业计划书以后，才会展开相关的投资评估。投资家需要商业计划书的主要原因，是为能获得创业经营的信息，以快速做出正确的投资决策。因此，对于投资者而言，一份理想的商业计划书必须具备下述3种功能：

（1）缩短决策时间：一份理想的商业计划书要能够提供投资者评估时所需信息，使其能从众多创业家所提出的商业计划书中，进行有效率的筛选分析，迅速挑选出适合的投资方案，以缩短评估决策所花费的时间。

（2）清楚告知投资者有关事业经营与发展的过程与结果：商业计划书必须明确指出公司内部竞争优劣势及外部的机会和威胁、可能遭遇到问题预期的经营结果。

（3）提供投资者详细的投资报酬分析：投资者最关心的是可获得多少的投资报酬以及如何回收投资资金，因此，一份详细的资金运用与财务分析报表，是投资者所迫切需要的。

所以，商业计划书的最主要目的还是为了吸引投资者的注意，通过提供充分的创业经营信息与丰厚的投资报酬机会，满足投资者在评估与投资决策上的信息需求，以在最短时间内筹集到所需的资金。总之，一份好的商业计划书一定要以投资者的需求为出发点，因为投资者最关心的还是市场的规模有多大、消费者的需求是什么以及投资报酬与投资风险。如果商业计划书的内容不能满足投资者关注的焦点问题，那么获得青睐的机会恐怕就很低。因此创业家在撰写商业计划书时，必须着重阐述风险投资家最关心的问题：

（1）产品或服务的独特性：确保产品和服务等有充分的市场需求，并且公司能以独特的方式来推进其在市场上的竞争优势。

（2）详尽的市场分析：对目标市场有深入的了解，对前和未来可能的竞争对手有充分的了解和预测，通过各种资讯渠道了解足够的市场信息并作全面细致的分析。

（3）现实的财务预测：运用上面的市场分析的数据作出客观、现实和一定程度上的保守盈利预测。

（4）明确的投资回收方式：IPO、并购或回购等。

（5）组建一支强有力的管理队伍：确保企业管理层有充分的技术、营销和财务管理的能力来实现公司的潜力，确保有效的董事会和咨询委员来支持管理层。

此外，在商业计划书的撰写中必须注意避免以下一些问题：

（1）创业家在拟写商业计划书时往往最容易犯的毛病是，过分强调所熟悉的业务而刻意忽略不熟悉的部分。一位技术背景出身的创业者，可能花费一半以上的篇幅描述技术功能，而只用不到一页来说明市场营销。在一份向风险投资公司提出的商业计划书中，创业者很自豪的指出将运用营业额的25%从事研究与开发，这个比例较同业平均水平高出10倍，也许这位创业家对于事业发展、技术研究与开发有远大的理想，但风险投资公司却不可能将资金投入在不知何年才能够回收的投资项目上。

（2）对于市场占有率做大而化之的粗略假设，也是创业家常犯的毛病。在一份生产办公自动化设备的商业计划书中，创业家估计产品可占领全国约80万家用户的5%，也就是说可销售出4万台设备。但实际上，这80万家用户中有70%的规模都少于10人，不可能购买这类昂贵的办公自动化设备。在商业计划书中分析产业与市场活动时，最好先做一些市场调查研究，并引证官方或学术研究机构的客观统计资料，同时对于目标市场消费特性的描述，也要有确实的证据。如果已有具体产品原型，应考考先进行消费者使用测试以及取得专家的检验意见，这样会有助于提高商业计划书的质量与可信度。

（3）另外投资家较关心，而却常被创业家忽略的问题是：如何保证这份商业计划书能被有效地执行以及如何回收投资资金。有效执行的关键在于经营团队的组成，如果创业家能招揽经验丰富的管理者加入经营团队，对于投资者而言将是一项有力的保证。创业家经营团队的经历背景，有时是筹资成功与否的关键因素。如果微软公司的比尔·盖茨再度提出创业计划，相信投资者必须蜂拥而至。经营团队拥有一位声誉卓著的财务专家，也会有助于增加投资者对于财务计划书实现的信心。

商业计划书不仅仅是一份信息披露，更是一种业务构思的策划，也是吸引投资的宣传书，更是以后公司运作的指导书。因此，创业者需要提出一份能够具体实现高报酬的商业计划书，才有可能引起风险投资者的兴趣。

一份好的商业计划书必须能体现竞争优势与投资者的利益，同时也要具体可行，并提出许多可供作证的客观的数据。内容必须完整，要包括所有重要的经营功能，对环境变化的假设与预测也必须一致，以充分表现创业者对于企业内外部环境的熟悉，以及实现经营计划的信心。可以将拟写商业计划书的原则归纳为七点：

（1）体现竞争优势与投资者利益。商业计划书不仅要将资料完整陈列出来，更重要的是整份计划书要体现出具体的竞争优势，并明确指出投资者的利益所在。更重要的是要显示经营者创造利润的强烈欲望，而不仅仅是追求企业发展。

（2）体现经营能力。要尽量展现经营团队的创业经营能力与丰富的经验背景，并显示对于该产业、市场、产品、技术以及未来营运策略等已有万全的准备。

（3）市场导向。要认知利润是来自于市场的需求，没有根据明确的市场需求分析来撰写，并充分显示对市场现状的掌握以及对市场未来发展预测的能力。

（4）一致。整份商业计划书前后基本假设或预测要相互呼应，也就是前后逻辑合理一致。例如，财务预测必须根据市场分析与技术分析所得的结果，方能进行各种报表的规划。

（5）实际。一切数字要尽量客观、实际，切勿凭主观意愿的估计。通常创业家容易高估市场潜力或报酬，而低估经营成本。在商业计划书中，创业家应尽量陈述客观、可供参考的数据与文献资料。

（6）明确。要明确指出企业的市场机会与竞争威胁，并尽量以具体资料作证。同时分析可能的解决方法，而不是含糊交代而已。另外，要明确说明所采用的任何假设、财务预测方法与会计方法，同时也就说明市场需求分析所依据的调查方法与事实证据。

（7）完整。应完整包括事业经营的各功能要素，尽量提供投资者评估所需各种信息，并附上其他参考性的佐证资料。但内容用词应以简单明了为原则，切勿太专业烦琐，对于非相关的资料勿将之陈列，以免过于冗长。

好的开始是成功的一半，有人说完成一份成功的商业计划书，即等于已获得创业所需的半数资金的保证。但是撰写一份50页至100页厚度的商业计划书，包括创业的短、中、长期发展计划、企业的内外部环境分析、竞争策略，还要进行大量的市场调查分析，这对于创业家确实是一项不轻的工作负荷。过去创业行为较多是属于一种摸索的过程，行动多于规划，问题解决多于研究预防，创业家经常是在失败的教训中，才学习到创业经营的经验，因此风险投资的风险怎么能不高？

在知识与资本密集的高料持产业竞争时代，紧迫的时间与高昂的代价已很少让创业家拥有一再尝试错误的机会。今天的创业要有充分的准备，才能有效降低高昂的失败代价，而一份完整规划的商业计划书，正代表创业家对创业成功的强烈欲望与充分准备，也代表创业家对资金提供者的负责态度。未来的创业行为将是知识性的高风险活动，而一份高质量的商业计划书，就成为创业家获得投资资金的必要通行证。

与风险投资家打交道的技巧

一、应付调查的技巧

风险投资者可能提出关于创业者个人、企业、经历和对未来的打算等许多问题。如果你准备了出色的计划书，可以回答其中一部分问题，其余部分将在你与对方会晤时由对方提出。实地考察的意思就是风险投资者审查风险企业的管理队伍，研究风险企业所在高新技术行业的特点，并且审查商业计划书的真实性，这是对计划书的更实在研究。在这个过程中，风险投资公司将尽力寻找商业计划书的问题所在，或是寻找不投资的理由，同时也试图确认投资项目的获利能力。

考察的开始通常是一个"库克式"的参观（Cook's Tour）。这是一个按预先设定的路线，对整个风险企业进行的参观。在这样一个参观过程中，风险投资者要尽可能地看到更多的情况及接触更多的人。在参观过程中，风险投资者将努力了解风险企业的日常经营活动，了解经营成功所需人才类型，尽可能搜寻与风险企业有关的信息。考察的另一个原因是想在风险企业家的环境中了解他们。观察他们如何与员工相处，以及他们在什么环境中生活。对风险企业家的调查主要分为七大方面，即诚实、成就、能力、智慧、学识、领导能力与创新能力。风险投资者还会提出一些有关风险企业家个人的问题。这些问题不像关于风险企业的问题那样直接，通常在较轻松的时候发问。诸如在哪里长大，背景如何，参加哪些体育活动，有什么嗜好，何时结婚，有几个子女以及他们的年龄等。风险投资者主要是试图全方位地了解风险企业家的生活环境，试图确认如果风险企业家有余暇和精力，是否能全身心地投入到企业的经营管理活动中。

身为一个风险企业家，不论是在工作中还是生活中，都将承受巨大的压力。如果已经结婚，风险企业家在企业的工作方面占用了大部分时间，只给家庭留下一点点，风险投资者便想知道他的私生活能否经得住这种压力。在风险投资调查风险企业家的背景时，他要力图弄清楚这个企业家在其所选择的行业中有多少经验。声称具有经营任何企业的普遍管理才能的人，必须向风险投资者证明其本身能作为该企业的经营者。在风险企业家的环境中，各种麻烦堆在面前，对于一个总经理来说，生存其中是十分困难的。为了根据每个行业的规律进行管理，一个企业家必须有广泛的行业知识。在风险投资界有句名言："知道了一个人的过去，就可以预见他的未来。"尤其对于成功的风险企业家更是如此。成功似乎能养育成功，反之，失败养育失败。对一个风险企业家而言，从他自己一度陷落的低谷走出来，绝非轻而易举。风险投资者要从一个人的过去寻找的是其成就水准：他获得了哪些成功？大多数风险投资者相信，努力争取成功的个性和成功之间有着密切的关系。因此，如果风险投资者在风险企业家的背景中发现很多次成功的话，他一定很高兴。当然，每个风险投资者想找诚实的人。他会直截了当地问担保人该企业家是否诚实，是否值得信赖，是否努力工作，是否有不良嗜好，在压力下是欺骗人，还是一般而论尚可令人信任。尽管许多人不会回答这些问题，但是大多数人能提供一些他们认为这个企业家怎么样的表示。

当风险投资公司进行实地考察时，风险企业家应该明白，大多数风险投资者对他的背景调查是相当彻底的。因此，在风险投资者开始背景调查时，愚弄风险投资者的态度只能导致失败。风险投资者会下功夫来确定风险企业家的背景对于经营这个未来的风险企业的能力是否足够。

在考察风险企业时，风险投资者一般要抽一些时间与销售负责人一起讨论，询问关于同类企业、竞争及市场等方面的问题。他还要会见产品生产的负责人，询问有关产品生产、库存控制、员工和经理等问题。甚至用更多的时间向财务负责人咨询关于银行及其他寻求资金的途径等问题，以及公司的财务比率，并与公司的其他方面相比较。风险投资者对公司的资金融通也有强烈的兴趣。

除了与风险企业内部人员会谈之外，风险投资者还试图与公司的每个董事交谈，以发现风险企业经营管理的困难是什么。他想知道他们是如何成为董事会成员的，也想了解他们对公司的看法。风险投资者还要同主要股东交谈。如果有一个持有公司股份10%或20%的股东不是董事或经理，风险投资者就想知道他为什么拥有公司这么大比例的股份，怎样支付，为什么他认为这是一项有益的投资，他是怎样进入的，等等。每个风险投资公司都如饥似渴地想得到以风险企业发展壮大为目标的人信息。

风险投资者在调查企业家及其管理队伍的同时，也要调查产品和行业。为了做到这一点，他将召集许多产品的使用者或者经销商们，提出许多能够考察销售的问题。包括："你为什么喜欢这种产品？它的价格昂贵吗？"他常常要提的另一个问题是："你打算购买这个企业其他的产品或服务吗？"如果回答是肯定的，他就试图确定他们购买的金额，这可以帮助他了解库存。为了证明库存表中载明的数量是确有目的的，他通常会召集经销商，并询问他们为什么订购该公司的产品和喜欢它哪些方面。

在评估的另一方面，风险投资者总是要找供应商以确定迅速收到付款的程序，他们喜欢这个企业什么以及作为供应商待遇如何。对于一个中小风险企业，供应商能成为一个巨大的资金来源，因为他们能扩大信誉。风险企业应当与供应商建立良好的关系。风险投资者将与供应商进行讨论以确定风险企业的经营状况如何。

风险投资者要与企业的许多证人交谈，不仅有用户和供应商，而且有银行家、会计师、律师和其他各种能够了解该风险企业及其管理队伍信誉的人。

在风险投资者考察期间，风险企业的目标是为他们提供一次机会对该企业进行广泛的考察；回答他们提出的关于筹资的计划书及与企业相关的各种问题；并尽力营造出一种宽松、和谐的考察气氛。

从以上的介绍可以看出，风险投资者的问题主要集中在四个领域：管理、独特性、计划与投资回报和资本撤回。

1.管理。风险投资者所关心的管理者最基本的素质是正直与诚实，而通过你的商业计划书，无法了解这一点。因而，在双方会晤时，风险投资者会十分注意观察、分析你和你的管理阶层的诚信程度。他们都希望与正直可信的企业家合作。如果风险投资者认为企业家的诚信程度不够，那么企业家便没有可能获得风险投资者的支持。

2.独特性。风险投资者经常会收到一些来自小公司的计划书，由于其缺少独特的优势，因而没有获得高速发展的机会。诚然，这些公司年均增长率达到10%，但他们却很少能得到外部资金支持，其原因在于这类公司没有股利，也没有出售股票的机会。实际上，只要你愿意，在美国的每家小公司均可获得49%的股权，但由于一没股利，二不能上市，持有这些股份也只能饿死。难怪风险投资者会反复提问："你的公司与其他公司有什么不同？你的公司有何特点？为什么一定会成功？"或换一个方式问："在全世界如此多的公司中，为什么你的公司有高增长的潜力？"总之，这是风险投资者十分关心的问题，你应随时做好准备，如果对方提出这类问题，一定要不失时机地向他全面准确地描述你的公司的独特性，并说明形成独特性的原因。

3.计划与投资回报。风险投资者一定会千方百计评估你的计划的可靠性，站在其自身立场上，他首先关心的是管理阶层是否能实现这些计划，假定能实现，他又能获得多少投资回报。事实上，这些问题在计划书中已明确回答。此外，你还应能在答辩时对这一切作出有说服力的解释，要说明计划的依据是什么，其假设前提是否可靠。计划的结果不必让人们大喜过望，但也必须能打动投资者的心。一般来说，开创阶段销售增长率为25%～100%是正常现象，销售增长率为25%以下是下限数据。

4.资本撤回。风险投资者关心的最后一个问题是怎样撤出资本。无论投资的最后结局如何，风险投资者都会十分关心这个问题。显然，如果投资效果不好，他们想收回投资，即使投资效果很好，他们迟早也要退出你的公司。试想，假定风险投资者拥有一家迅速成长的小公司的49%的股权，并且在机会将股权变卖为现金，这不正是投资者梦寐以求的结局吗？每一个风险投资者的既定目标都是要把已增值的原投资变为可周转的银行现金。这是很自然的想法，你必须深刻地认识这一点。鉴于风险投资者十分关心这类问题，因此，你必须明确指出风险投资者怎样才能从你这里撤回资本。

二、价格谈判的技巧

如果双方经过热恋，都有走向婚姻的意向，那就应该开始进行价格谈判了（这婚姻太现实了，一点都不浪漫）。谈判实际上是会谈内容的一个组成部分，它首先是在对项目评估的基础上进行的。由于风险企业家和风险投资家对投资前的公司价值的评价会有很大差异。因此，项目的评估过程常常要经过双方的多次交锋，每一方都会试图用各种各样的方法去说服对方接受自己的观点。价格谈判的过程实际上就是风险投资家和风险企业家双方之间讨价还价的过程。

在风险投资家心目中，仅有一个想法和几个人的公司要比已经具备了管理队伍的公司价格低，而仅具备了管理人员的公司又要比已产生销售额和利润的公司价格低。随着企业的成长和企业风险的降低，风险企业在投资者面前的价值也在不断上升。显然，风险企业的阶段越早，其投资前的价值越低，这时风险投资进入的盈利潜力也越大。在对投资项目的价值进行评估时，风险投资着重考虑以下因素：

（1）风险企业资本增值的潜力。对风险投资者来说，无论投资规模的大小，最终的资本获利必须达到投资费用的几倍才行。

（2）风险企业资本流动的潜力。资本增值本身并不能保证风险投资家能够顺利地收回投资。风险投资家决定投资前必须考虑出售股份的途径。因为，风险投资家的最终目的并不是为了拥有公司，而是为了取得投资回报。

（3）风险企业未来的资本需求。对风险企业未来资本需求的预测，可以帮助投资者估计出自己在投资期内保持一个主要投资者的地位所需要的资本量，并帮助投资者为自己的投资取得合乎需要的股份。

（4）企业家的能力。企业家的能力对企业的经营起着关键的作用，一流的设想加二流的人才比二流的设想加一流的人才风险大得多，价格自然要低一些。

为了在谈判过程中取得有利地位，风险企业家应该和几家风险投资家面谈以掌握市场行情。风险企业家在决定是否和投资者达成交易时，除了要考虑对方的出价是否合适外，还必须考虑投资者的资金能否帮助企业在将来获得成功，以及是否适应本企业未来发展的需求。

（一）技术入股的谈判

由于风险资本比较青睐高新技术企业，所以常常在风险投资动作实践中面临如何对技术入股进行界定，进而确立产权安排形式的问题。在技术入股的实践中，人们对什么是能够入股的技术在总体认识上基本是一致的，即凡有直接用于生产经营的知识产权都可以入股。更进一步说，凡是能直接用于生产经营活动有益于企业与社会发展的一切知识产权，都应当取得技术入股的合法地位。

知识产权又称智力成果权，指智力劳动者对其创造性劳动所形成的知识产品（成果）依法取得并享有产权，包括人身权利和财产权利。其中财产权利指利用知识产权获取经济收益的权利。这类知识产权的范围包括了上述一切领域的发明权和一切其他智力成果权，或许更宽。例如，提出了一种新的技术思想、决策方法、策划方案、扭亏增盈方案、集约化计划、可持续发展方案以及技术信息、市场信息等。当科技工作者或管理人员提出一种对企业发展产生重大积极影响的思想、计划、方案、方法或信息时，企业可以给其以重奖，这种奖励也可以是一定的股份。

多数情况下，技术入股行为是建立在充分谈判的基础之上的，谈判必须遵循如下一般规律。

1.谈判的客观基础

谈判是在风险投资公司与技术所有者之间进行的。经过初次接触之后，若双方都有协商谈判意向，就要为正式谈判做准备。首先是寻找并摸清进行谈判存在着的客观基础，这种客观基础包括：

（1）可谈判性，即是否具有可协商性和可妥协性。技术入股是关系到企业资产产权与收益分配的大事（绝非芝麻绿豆的小事），如果双方都非常重视，愿意认真谈判，并打算作某种妥协，就奠定了可谈判的客观基础。若其中一方态度强硬不作任何妥协，就不具有可谈判性，也不必费事进行谈判。识别是否具有谈判性，要从三个方面进行分析：

①绝对可谈判性，即该项技术入股的可谈判性是绝对地存在着的。在投资活动中，可谈判的绝对性是由这类活动本身的需要决定的；不通过谈判不可能成交，只有谈判才能达成协议。

②相对可谈判性，即在谈判出现很大裂缝甚至接近破裂时，还存在谈判的某种可能性。谈判就是双方利益的讨价还价，只要能找到双方利益的新的均衡点，就可以进行谈判，打破僵局进而签订协议。即使各种意见均已陈述，也不要轻易关上谈判的大门，谈判可以暂缓，待时间变化，可能产生新的谈判点而出现新的转机。

③谈判区的存在，即双方的利益争夺往往在一个区间之内（不可能是一个孤立的点）。如技术作价在最高价到最低价这个区间，技术所有者要最高作价，风险投资公司要最低作价，但双方又都有可妥协的余地。讨价还价的区间就是谈判区间。谈判区内没有平坦的大道可走，到处布满荆棘障碍，双方往往还会设置"诱饵"，引对方"上钩"。这就需要调查对方的最终意

图，寻找妥协让步的条件，减缓其冲击力，既不要受"骗"上"钩"，又要排除障碍。其中，寻找对方的特点与弱点，尤其善于分析并抓住其弱点（如企业或科研单位处于捉襟见肘的困境，或谈判人急于成交的心情），可能成为突破障碍的最佳选择。

（2）谈判意愿，即是否有谈判的欲望。一般而言，技术如同货币，总是要不停流动的，技术的提供方常常会碰到技术的需求方而共同产生谈判的愿望。但是，由于种种原因，一方的谈判愿望可能不强烈、不主动甚至不能激发表现出现来，出现一种"单相思"的情况。此时不具备进行谈判的基础，需要设法激发对方谈判的愿望，调动起谈判的兴趣，从而为谈判的进行创造良好的开端。

（3）客观需要，即不以人的意志为转移的、必须进行谈判的实际需要，这是有无谈判基础的决定性因素。了解对方是否有转让（或吸纳）某项技术的客观需要，始终是谈判的关键所在。若对方存在这种客观需要，就要刺激这种需要，从而激发其谈判的欲望，提高其绝对的可谈判性。能做到这一点，就为谈判敞开了大门。

2.谈判的原则

双方激发谈判意向后，要促使谈判成功，必须认识谈判的实质，把握好谈判的原则。

（1）实事求是，以理服人，杜绝一切欺骗说谎。任何谎话和骗局都不能促使建立并维护今后的长期合作关系，反而会留下巨大隐患；

（2）平等相待，互惠互利，既不施加压力也不屈服于压力。若以所谓的"实力"或"权势"压人，不可能达成协议，即使签订了协议也不可能得到有效实施；

（3）原则性和灵活性相结合。在不损害根本利益的前提下，为了促成长期合作，要善于随机应变，作出必要的让步或妥协；

（4）先技术问题后经济问题，不能将两者顺序倒置。技术入股，技术是关键和核心问题，应先谈判入股技术的内容与使用方式以及双方的责任。当技术方面的问题达成共识后，作价问题、利益分配问题以及产权登记等问题就相对地容易解决了；

（5）遵守客观标准，不搞主观臆断。客观标准有的是由科学研究所提示的客观规律的表现，有的是对长期实践经验的总结，有的则成为人们的习惯做法（如国际惯例）。坚持客观存在并广泛使用的标准，有利于消除分歧，化解矛盾，更容易取得共识。

3.谈判的内容

（1）技术方面的问题，包括：①入股技术的对象与范围；②规定合同产品技术性能指标，产品的质量要求以及考核验收的技术标准；③技术所有者提供的所有技术资料内容的详细清单。④入股技术的先进程度；⑤合作生产中双方在技术上的责任与权利等。

（2）经济内容（或商务性）方面的问题，主要有入股技术的作价（单项技术到全部入股技术，分别作价或总体作价）占企业总资产产权的比例、收益分配的比例与方式、支付方式、支付时间的长短（该项技术占有产权的时间及分配时间的长短）、双方在财务上税费上的关系、法律责任、保险。

（二）价格的计算

在风险投资操作中，先由创业家作出风险企业的业务发展计划，详尽列出所需资金和投入时间以及盈利预测，然后风险投资家根据这份业务计划书进行充分调查，收集各类信息来决定是否投资，再与创业家谈判投资多少。

风险投资家和风险企业所认定的盈利预测、贴现率和4年后的同行业平均市盈率不同，这个股份比例的变动幅度可以很大。那么，哪些因素影响盈利和贴现率风险呢？这些因素可分为内部素和外部因素：

1.内部因素

（1）是否需追加投资：如果需要，风险投资者会尽可能争取较高的股份，以免以后企业的追加融资额稀释股份。

（2）变现投资的难易：上市、并购和企业回购股份是否可行，多大程度上可行。变现投资的风险较大，风险投资家则要求股份越多，股价越低。

（3）目前的经营业绩：产品、服务、技术和企业的管理是否获得市场和客户的接受，企业对未来销售的预测有无把握，盈利计算是否可靠，销售数字是否准确，股份计算是否可信。

（4）市场潜力：关系到盈利的增长能力，盈利高时，风险投资者可以用较高的价格认购股票，拥有比较少的股份，而保持股价总值不变。

2.外部因素

（1）经济环境：宏观经济形势、政府货币政策如利率、货币供应量以及财政政策（扩张性和紧缩性）也影响企业发展的外部环境。

（2）股市状况：股市活跃则比较容易上市，变现风险小；市盈率高，企业市值也高，投资收益率也高，风险资本就可能接受较高的每股价格即较少的股份。

（3）资金供需状况：新企业越多，对资金需求越大，投资方为买方市场，影响了股价计算时企业的砍价实力。同时也看资金的供应量，如果供过于求，企业有实力，如果股市行情好，或者某一产业正处于技术更新的重要阶段，投资者愿意提供更好的条件和更多的资金。

第五章

遵守戒律，让创业少走弯路

创业从来不能一蹴而就，从公司的创立到发展壮大，需要走过一段相当之久的路程。在这段旅途中，我们会迷茫、会失误，因此为了避免犯下无法弥补的大错，就要了解创业过程中需要严格遵守的相关戒律。

慎重投出第一笔创业资金

一个青年经过辛苦工作积蓄了十万元资本，但是他不知道用这笔钱做什么更合适。有一位事业有成的富商给他一个建议，让他去投资开创自己的事业。在富商看来，用十万元做一点小生意还是很容易的。可是青年人该不该听他的建议呢？如果青年人还不具备创业的卓越才能，尚未做好足够的体力和精力上的准备，那么他最好不要去投资。因为现今社会，竞争十分激烈，各个行业都被跨国或者全球性的大公司、大集团垄断着，商业竞争犹如大鱼吃小鱼、小鱼吃虾一样残酷。到处充斥着兼并和收购的阴云，愈富愈饱、愈伤愈饿，贫富差距越来越大。所以，没有足够把握的人千万不要以有限的资产去做各种风险投资，让商业的巨浪卷走你那微不足道的心血。

要知道，坚定的意志、缜密的思考、过人的才智、高尚的品格不是每个青年都具备的。要想开创自己事业的自由天地，在激烈的竞争中站稳脚跟，就必须具备创业所需的一切卓越才能，否则很容易在商海中溺水而亡。

有许多人在独立经营商业时，毫无成功的把握，更没有足够的准备。他们苦心经营，费尽心机，每日辛苦地操劳，但收入可能还不如一个小店员或小职员的收入，并且他们还承受做老板的心理压力，整日提心吊胆，唯恐失败降临到自己身上。

与这些境况堪忧的创业者形成鲜明对照的是那些高级员工。他们多为一些大公司、大集团服务，他们有着豪华的住宅，出入的时候有豪华的私人汽车。在纽约市这类员工就有2000多人，年薪均超过了250000美元。相对来说，这个群体是比较强大的。

一个人如果想在竞争如此激烈的残酷商业环境中开创自己的事业的确困难重重。现今，许多大公司、大企业、大商场都采用垄断的方式经营，而那些中小型企业抵御不住激烈的竞争而纷纷破产或转产了。人们日常所需的商品几乎被几家大的百货公司垄断了，人们纷纷涌向商品齐全的大百货公司，而不再去光顾那些小商店了。

举个例子来说吧，如果要在百货公司里设立一个书报部，只要在图书部设立一个专用的柜台就可以了，既便利，又节省了房租、人工、装修等方面的相应费用，而且大公司的一般商品都用代销的方式，如果销路不好，那些书籍报刊还可以退回出版公司。这样既方便了顾客，也方便了商家。而那些图书专营店就不同了，他们在准备开店之前先要选好地点，租一间专门的店面，然后对橱窗、书架、门面做全面周到的装饰装修，这些就得花去一大笔资金，而且还要招聘营业员、主管等人员。所售图书还要随时更新，不畅销的书不能长期摆在书架上。有些书籍实在没有销路，就得打折卖掉，不能像百货公司那样可以退回去。不光图书报刊是这样，其他的如药品部、服装部、工艺部等等也都是一样的经营形式。而那些购买商品的顾客呢？他们不会为了几本图书、几片药、一件内衣、一件小工艺品去找那些专营店，而是为了方便直接去百货公司购买。

几年前，有人在纽约开了一家专营英国制造的登特牌手套的小商店，销路一直很好。这个商机被一家大公司捕捉到了，它利用雄厚的资产和那家英国公司签订了包销合同，致使那家私人的小商店断绝了货源，不久以后就倒闭了。这样的例子在我们的生活中屡见不鲜，凡是精通生意经的商人都对此类事情了如指掌。

在如此残酷的商业竞争的情形下，希望那些没有十足把握的青年们不要一时热血沸腾盲目地投资创业，要仔细斟酌，不要做那些被商业巨头吃掉的小鱼。

创立任何形式的公司，每年都要支出一笔数额巨大的广告费用，有些规模较大的公司每年在广告上的投入比几家小商行的全部资产还要多。那些大商场为了吸引更多的顾客，不惜花重金把商场的橱窗装饰得富丽堂皇，而且还在商场内设置了各种休息以及娱乐设施，便于顾客随时休息。在这些大公司面前，那些小企业、小商场自然不具备与之竞争的能力，只能被逐出商界。

那些立志创业的青年一定要谨慎考虑你所要从事的事业的方方面面。如果你要开零售店，那么你一定要先研究一下百货公司的业务和管理，然后去商界人士那里咨询一番，做到心中有数。你在与营业员畅谈时，也许会听到他对你说，他也曾开过零售店，但由于规模小力量薄弱，无法与百货公司竞争，因此创业失败后去百货公司应聘了营业员。像这样失败后又就业的人在社会上比比皆是。

无论什么人想要独立创业，都是为了改变自己的社会地位、提高自己的生活水平、真正体现自己的人生价值，这是毫无疑问的。但是他们必须具备超群的才华、坚定的意志和对想要从事的行业的了解，当他们真正走上独立创业之路时，面对经营不力、入不敷出、货品积压的情形时，一定要飞快转变经营理念，改善经营环境，竭尽全力保持收支平衡；面对一切可能的危机和困难时，一定要坚定意志，努力奋斗，以最快速度克服困难，解决难题，及早渡过难关；面对经济衰落、市场萧条，经营惨淡时，也一定要尽其所能全力支撑下去，不要轻易放弃，既然选择了独立创业，就一定要坚定信心，遇到挫折决不退缩；在经营时维持自己的经营理念，诚实守信；真正做到勤俭节约，对每一笔开支都要认真核算，切不可为了图慕虚荣而胡作非为，只有这样才能长久坚持下去，也才能够获得成功。

事实上，商海是一所极好的大学，它能够培养出优秀的商业人才，他们个个头脑清晰、才思敏锐，对推动人类文明的进程起着十分重要的作用。

一个人如果准备独立创业，那么他只能依靠自己的才智和能力解决所有的困难，自己拯救自己。相反，如果他做不到，那么只能同那些失败者一样，回到成功的起点。

在现实生活中，最容易埋没自己潜能的人就是那些总是居于他人之下，完全靠薪水维持生活的人。因为他们处处受人约束，过着呆板的生活，他们从不去主动思考问题、思考生活。所以，在行动思想、言论等各个方面都不可能得到充分发展，因此成功的机会自然就少之又少了。

制定计划、拟订方案、研究对策，他们每天像机器一样，在办公室里依照上司的意图去工作，从不关心自己的才能是否得到了全面发展，自己的潜能是否被最大限度地挖掘出来了。其实，他们在工作中只应用了一部分才能，其他大部分才能都被埋没了。

他们从不考虑公司的经营状况，更不用说个人的发展和前途了。他们安于每月定时领取薪水，过着平凡俭朴的生活。

所谓的独立创业，并不是要赚取更多的利润，创造更多的财富，而是希望青年们在独立创业的过程中积累更多的实用知识，尽可能地发挥自己的潜能，让自己的人生价值得以淋漓尽致体现。

在实际生活中，一些营业员表现平平，但是，当他们积蓄了足够的财富时就会独立经营、自主创业，而此时你会惊奇地发现，他们的才能和智慧如同火山喷发一样，瞬间便展现在世人面前，不给你半点思考的余地和空间，让你措手不及，毫无准备。

如果一个青年既无钱财，又想独立创业，那么他就要付出更大的努力。他必须集中全部的精力、必须养成良好的习惯、必须拥有正确的判断力、必须做好艰苦奋斗的准备、必须具备坚定的意志、必须树立正确的目标、必须充分施展自己的才华，否则，他的成功就是一个美丽的肥皂泡，虽然五光十色、绚烂多彩，但是瞬间就会破碎，化为乌有。经商的教育与所有院校的教育相比，更艰苦、更难学、更实用、更难求进步。如果一个商人要获得成功，就要在他的事业上倾注全部的精力，所以，商海中锻造出来的人，才都是最优秀、最卓越、最超群的。商业被称为最伟大的学校一点都不过分。

一个青年如果只拥有小额的创业资本，那么他成功的机会会更多。因为投资的数额越小，越容易把握一些成功的小机会。长期坚持下去，就会积累更多的财富。以小额资本独立创业的年轻人往往谨慎小心，勤俭度日，所以他往往不会用这笔小资本去做风险投资。他们会集中自己的全部精力、才华、智慧、勇气和决心，小心翼翼地经营自己的小本生意。

那些创业青年，在成功之前，往往把微小的资本看得重于生命。他们绝不会胡乱花一分钱，正如一个在战场上作战的士兵，为了多一线生存的希望，他必定会珍惜自己的每一发子弹，做到百发百中。

对于一个自力更生的人，谁不愿意尽其所能去帮助他呢？看见他力争上游、吃苦耐劳、勤勉工作、积极向上，谁能不尊重他呢？谁不愿意为他提供成功的机会呢？谁不愿意让他的声誉名扬天下呢？

　　如果一个年轻人才华横溢、乐观向上、勤勉做人、精通商业，而且强烈企盼成功，那么即使他毫无资本，常遇困境，也会如愿以偿地获得事业上的成功。

凡事预则立，把握创业先机

很好，现在你已经下定了决心，并决定自己当老板，那么，首先你应该学会识别创业的机会，找出新事业的商机。

创业者应该养成习惯，时常注意成功者采用的新奇、有趣的构思是什么。然后你就可以根据你的问题，改编成适合自己的构思。发掘创业机会，是一种学习的过程，创业成功关键在于是否能够发现新关系，从新的角度看待事物。

所以，精明的创业家常会搜集信息，超越眼前的模式，留意新趋势。成功的创业家会超越传统的认知，找出在市场上成功的竞争新方法。

要想成为一位成功的创业家，就需要通过分析机会来源、不断地观察、提出问题和耐心聆听，成为趋势监测者。这样能协助你找出新事业的商机。

构思来源一：与你的组织成员、学界人士讨论

你的组织成员包括会计师、律师和银行家，他们对你所处行业及其发展趋势，可以提供很多信息。你也要跟行业中的制造商、批发商和经销商联系，向他们了解最近的市场调查结果。

另外，还要跟有关的政府机构保持联系，以得到新信息，从中看出新趋势，也可以看一看他们的出版物。

构思来源二：在互联网中浏览

到互联网上浏览，找出新趋势，利用新闻热点，或到不同的互联网购物平台逛逛。网上信息是你所处行业最新信息的一大来源。

构思来源三：利用商业研究资源

要取得商业研究资源，通常得支付一些费用。目前主要的商业资源包括研究机构和商业协会、银行以及其他金融机构。

构思来源四：随时留意人口统计学上的改变

现在人口统计数字的改变比以前更快速。根据人口统计学上数据的改变，如出生和死亡数目、年龄分布及教育、职业、地理位置等特性，可创造出许多商机。

举例来说，美国人口统计学专家彼德·法兰西斯公司指出，美国人口中增长最快的年龄层为65岁以上的老年人。这些老年人需要生活协助、娱乐活动及运送服务。无疑，这是创业的一大沃土。

构思来源五：寻找出乎意料的事件

创业者往往忽略出乎意料事件的成功或失败。其实，这种意外事件能给我们提供一些成功的机会，也能拿别人的错误来警示自己。翻翻商业杂志和新闻，找找看有没有经验可供参考。

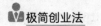

构思来源六：研究问题

问题是孕育机会的沃土。想想看是不是有更好、更快的做事方法？你可以留意流媒体上，大家时常在抱怨的话题，努力去发现能解决人们关心问题的方法。你也可以列出一张清单，把你和其他人在平时觉得棘手的事记录下来，然后深入思考，分析看看你能否找出方法，解决人们所面临的困扰和效率不高的事情。

构思来源七：找出人们的需求

目前，人们对什么事最关心？人们考虑的因素顺序是什么？企业家需要知道他们现在的以及潜在的顾客，并找出顾客的需求。成功的创业者常常提开放式的问题，找出顾客对目前产品和服务的不满之处。此外，他们也经常找机会跟顾客交谈，询问并听听他们的看法。

构思来源八：注意观察

通过研究他人的言谈举止，就能让你知道他们的新需求和欲望。举例来说：你可以到饭店的大厅，随手拿起一本杂志在那里看，注意观察人们的行为并聆听他们关心的事。所以，创业者不应该只会埋头苦干，多多参加一些社交活动，利用活动机会，观察人们的消费与需求，从而刺激出新的创业构思。

构思来源九：留意社会、业界和市场上的状况

人们的口味、生活方式和习惯都在不断地改变。例如：迷你裙在20世纪

70年代风靡一时，但是设计师想在90年代让迷你裙再度掀风潮却宣告失败。精明的企业家会观察不同的行业，如银行业、航空业、通信业，从中看出其他行业如何应对日益激烈的竞争局势，从中汲取经验。

构思来源十：不断阅读吸取成功的企业家经验

花相当多的业余时间，阅读和浏览刊物汲取新知识，一项调查研究显示，成功的企业家常花上1/3的工作时来阅读。他们凭着直觉去读，找出事物的差异性，发现新奇、刺激的东西，在看似无关的事件中寻找关联性。他们不仅阅读本行业的刊物，也看其他行业的期刊。

构思来源十一：留心新趋势成功创业者

不断地观察媒体、互联网和专业协会中出现的主题，从而留心并抓住趋势。企业家可以从各种网络媒体中找寻新产品和服务导入市场的线索。你也可以查一下非小说类畅销书，也许能发现让你有所发挥的新趋势。

构思来源十二：利用团体交换信息

跟同事、竞争对手和社区专业人士交换信息，这是找出创业趋势的有效方法。建立提供先进信息的人际关系网，是找出趋势和商机的最佳方法。加入所处行业的协会也是不错的主意。若你想了解新构思和预测未来，不妨参加行业会议和投资者商谈。

构思来源十三：找出被人肯定的领导者

那些和外界领导者保持联系的人，常是引起改变的主事者。定期跟这些人交谈，或者阅读他们在媒体上发表的评论，你要经常跟这些专家交换意见来弥补自身的不足。通常来说，专家意见具有相当的洞察力。

构思来源十四：研究竞争形势

要随时知道你的对手在做什么。你可以向业界人士、顾客和供应商了解你目前的和潜在的对手的状况：什么事情他们做得很好？有什么缺点？他们采用的促销和广告方式有哪些？在创业前，要先搞清楚市场上有哪些竞争对手。这也是所谓的市场智商，也就是做一个小心收集和分析信息的侦探。

没有完美的创业方案

有了创业的设想，我们又对市场进行了广泛而深入的调查，这时，就需要我们拿出经营方案。这是我们成功创业的关键一步。因为这一步才是联系我们的计划与行动的纽带，只有走好了这一步，我们的成功创业才能由美好的蓝图变为现实。所以，千万不要犹豫，不要因为想拿出一套十分完美的方案而贻误了战机，要立刻拿出实际行动来。

你可能要说：难道"完美"不好吗？答案当然是"不好"。如前所述，这些完美主义者之所以不能取得成绩，不能取得人生的成功，不是他们缺少能力，而是他们在做任何事情之前都不能克服自己追求完美的痴情与冲动。他们想把事情做到尽善尽美，这当然是可取的，但他们在做一件事情之前，总是想使客观条件和自己的能力达到尽善尽美的完美程度然后才去做。因而，这些人的人生始终处于一种等待的状态之中。他们没有做成一件事情不是他们不想去做，而是他们一直等待所有的条件成熟，因而没有做，他们就在等待完美中度过了自己不够完美的人生。

如果你不相信这一点，你可以从你的人生档案中找出你拖延着没有做的事情，没有完成的项目或者课题，这样的事情你可能也会找出一大堆：这篇文章的构思还不是非常成熟，所以还没有写；这只现价30元的股票原想等掉到5块钱再买，但它一直掉不到5块钱，所以就一直未买；跟一位朋友谈的生意一直还没有做，是因为时机尚未成熟，等等。归纳一下你会发现，你一直在等待所谓的条件完全具备，你想将它做得完美无缺。可是，你可能会发现社会上同样的事情有些人的方案或者条件还不如你的成熟，但他们的成果已经问世，或者已经赚了一大笔钱。你又会因此而烦恼，造成这种状况的原因就是你也患上了"完美主义"的毛病。

你还可以做这样的试验，把手头的某项工作交给你的两位部下，一位是完美主义者，一位是现实主义者，可看他们面对同一工作会有哪些不同。等他们的方案提交上来，你会发现，完美主义者可以一下子给你提供十多种可能的方案，分别说明了其可行性与利弊得失，但是他无法确定哪种方案最好，他将会采用哪种方案。而现实主义者则不然，他可能只有一种方案，也就是他要实施的那套方案。在聪明才智方面，他比不上前者，但他能够给出一套很实在、马上就可实施的方案。

那么，成功创业的方案也是如此，经营方案也是一样，你不必等待方案十全十美了才去做，才去行动，你必须立刻采取行动。

所以，在这里我们向你介绍一种简单而又实用的方法，系统地构建你的企业，帮助你朝着自己的成功目标前进。

制定一个切实可行的经营计划是创业者的原则，是你必须身体力行的。这也就是说，每过一段日子，你得抽出一定的时间，运用一些简单的方法，按时对你未来的经营管理做出安排。不过，我们必须再次强调的是，制定完计划之后，你就得立即行动起来。如果你下决心做成一件事情，你就得踏踏实实地把计划变成现实，将蓝图变为现实。道理很简单，光说不做，计划便变成了瞎话！对于成功创业者来说，制定一个经营方案，拿出一个创业设想，有一个长远计划，这并不是我们的目的本身，而是为了达到某个目标。

构成创业经营方案一般要包括以下几个方面：

一、企业理想，也就是要用一句话来概括企业的明天后天。企业理想是推动企业发展的动力，是企业经营活动的指导方向。

二、企业目标，确立几个可行的目标，因为目标代表着你的信念，你必须凭借着信念的力量，才能走完漫长而艰辛的创业之路。

三、经营战略，也就是要达到目标的途径。你可以把这个问题理解得尽量简单一些，比如理解为你旅游时的日程安排，它能确保你到达目的地。

四、行动计划。这里面，你必须回答出"是什么，为什么，到什么时候"，在你一开始创业的时候，你的所有的时间都用在了经营上，但你也要抽出时间，因为你必须确定，为了达到一个什么目标，你得在什么时候完成任务。

五、企业的经营原则。这是作为一个企业家的行动法典，你与顾客、与员工、与你的合作伙伴、与其他与你的创业有关的所有人打交道的原则是什么，你需要用简单而又明了的文字予以概括。

德国卡斯腾·拉思论卡斯腾·菲泽所著的《创业者手册》中，运用成功创业者的经验告诉我们，下列问题也是你在考虑经营方案时必须考虑的：

1.敢于立志：力争在同行中做到最好。

2.选择进入的市场不宜过大，集中精力，全力以赴。

3.本地市场是你经营活动的焦点，国际市场的趋势——产品和销售——是经营活动的指南。

4.公司与客户的良好关系是经营的最大资本：请务必珍视这层关系，即使你在价格上占有优势，也必须通过良好的服务才能在竞争中脱颖而出。

5.不能忽视创新能力的培养，不仅要不断推出新产品，而且要不断改进生产工序。

6.善于捕捉市场信息，同时又懂得利用新技术的人，只有这样一定就能成功。

7.拥有一项竞争优势当然好，但在产品和服务上做到第一就更好。

8.关注竞争者的情况，同时又要对自己的优点充满信心。

9.招收员工时不宜操之过急，不要一下子招收太多职员。

10.一个成功的领导层在原则问题上决不让步，在细节上富有合作精神，时时处处为下属做出表率。

六、做好创业的预测。商人常说，"市场预测不可少，盲目经营不得了"，"按人口做饭，靠预测经商"，"拉车先看路，经商先预测"。我国市场已出现多种经济形式，多种经营方式、多种流通渠道和环节的新形势，因此进行市场预测显得十分必要。通过预测可以掌握未来市场环境变化和其他条件的变化；可以更好地组织货源，满足市场需要，拓宽业务；可以改善经营管理，提高经济效益。

创业初期需要注意的五种不良倾向

现在在市场上特别需要的是中国商人的良知和强烈的社会责任感，而不是只光想赚钱。

可以说，在创业期间，所有决策和行动的出发点都遵循这个"生存"首要原则，不管是有意识的还是无意识，但决不能为了生存和获取收益而走入各种极端的方式之中。

不良倾向一：为达目的不计代价

创业期间的工作大多是开创性工作，而开创性工作通常伴随着资源的消耗。很多工作又是一环扣一环，前面的工作是后面工作的基础。前面的工作搞不定，后面的工作就得停摆。在时间紧任务重的情况下，创业者只好采取为达目的不计代价的策略，花了不少冤枉钱，也是不得不交的学费。

做什么事情多少要交一点学费，何况是做生意。创业者在创业之前都有思想准备，但这种为达目的不计代价也带来很多负面影响。生意场上，双方第一次的交易规则往往就是今后双方的交往规则，这是一种不成文的习惯做法，今后即使有改变，也是局部的细节调整，很难改变根本的规则。

做事情为达目的不计代价是创业者在创业期间不得已的做法。

不良倾向二：为生存行权宜之计

现实与理想最大的差别在于：现实中，我们明明白白地知道什么是最好，但我们必须选择一个并不怎么好的，甚至是最次的，因为有总比没有好。创业者在创业期间一定深有体会。资源的有限性一直制约着创业者的决策和行为，创业者往往不得不实行权宜之计。

创业者迫于生存的压力，不得不实行权宜之计，但权宜之计是不好的，是要付出代价的。例如，资金不足，与人合伙。明明知道合伙人并不是理想的合伙人，但也没有办法。创业期间因此增加了额外的压力，因为实际上是多了一个"老板"。创业者专业知识不足，不得不聘请业内高人，但也因此受制于这位业内高人，而高人通常都是不好侍候的、有特殊脾气的人。

权宜之计的负面影响是很大的，是明知不可为而为的事情。创业者必须做好判断与决策，不能白白浪费一个好的创业构想，使自己的努力付诸东流。

不良倾向三：好大喜功不自量力

一名登山运动员在离峰顶只有50米时因高山反应退下来了，没能再创自己的新纪录，事后，许多人都为他可惜，可他自己说："我了解自己的情况，这已经是我的极限了。"他这种对自己的了解的心态，是我们很多人都缺乏的。一个自己了解自己的人，也是一种人才。

创业者在发展自己的事业时，尤其要考虑度的问题，即发展的限度。公司扩大，扩大到什么规格合适。一个厂有50名工人时，可以盈利，有500名工人时，由于工人的增加，必须增加生产设备，相应的工人的工资支出、设备的维修费用也会增加；产品数量的增加，必然会要求仓库面积的增加、保管费用的增加以及销售费用的增加，另外，还可能出现管理上的问题，产品质量问题的增多及销售渠道不畅、产品积压等情况。工人由50名增加到500名的结果，可能只是解决了450人的就业问题，公司的利润不会立即上升反而可能会降。如果老板还要再招200名工人，那么他一定是神经有问题，这个工厂离倒闭不远了。

在生意场上，走一步锦上添花，走两步可能就会画蛇添足，这可不是吓唬人的，你要不相信，很可能会掉到悬崖底下。

不良倾向四：头疼医头，脚疼医脚

创业者自主创业，各种事情千头万绪，并缺乏直接的务实经验，对问题的难度估计不足，准备不足。很多事前认为简单的事情，进行过程却又出现了各种预想不到的情况，有时候创业者真的是欲哭无泪，感叹做一点事情真的好难。

再好的创业企划也不可能与实际情况相符，计划赶不上变化是再正常不过的事情。事到临头，创业者只能是头疼医头，脚疼医脚，先解了燃眉之急再说。

这种状况一直伴随着整个创业期，只有有毅力、有体力的创业者才可以应对自如。这些事情的处理和解决常常给创业者带来成就感，认为自己是无所不能的；而实际上，这是一种没有计划、高成本低效率的管理。创业者可不能陷入其中不能自拔。

不良倾向五：事必躬亲

创业期间的创业者有一个重要特征，就是凡事亲躬。一方面很多事情别人不能干，只好自己亲自操刀；另一方面，因为辛辛苦苦创业不易，不能在任何地方出差错，创业者也不放心别人，只有自己过一遍手，亲眼看一看才放心。

第六章

打好根基，迈出创业的第一步

无论做什么事情，基础都是重中之重，就像建造房屋时，地基决定了一栋房子的稳固程度。创业也是如此，在创业时，你初期打下的基础决定了公司发展的成败，如若没有打好基础，创建的公司就如同空中楼阁般在顷刻间轰然倒塌。

好高骛远要不得

飞往太空的宇宙火箭是分为三级，一级一级地向太空推进。在商场上，创业者也需要像多级宇宙火箭一样，对准目标，一步一个台阶地上。一口气吃不成胖子，那种不顾自己的技术、资金、经济等方面的状况，不能"量体裁衣"，盲目地轻小贪大者，到头来，往往西瓜没有抱住，芝麻也让别人拣完了，落得个两手空空。

其实，现在的创业者，往往都是白手起家，或刚刚起步，他们没有钱或是本钱小，根本无力从事汽车、钢铁、石油等需要大规模投资的产品生产，但如果能够从身边的小生意做起，逐步发展壮大，也不失为一条良策。只要经营有方，再小的生意也同样能发展。

闻名于世的佛勒制刷公司，其创业者佛勒在其创业之初同其他人一样面临着究竟应该从事哪一种行业的选择。没有钱，这是他首先碰到的问题，也是他最头痛的问题。他选择制刷这个小本小利的行业之前，也曾有过思想的起伏，当他到波士顿借用他姐姐的地窖做临时工厂时，他的姐夫却向他提出了警告：

"干什么不行，怎么做起刷子来？"姐夫说，"这玩意儿利润太小，而且销路也有限，一把刷子能使用很长时间，谁家会没事天天买刷子？"

"我何尝不想做大生意，赚大钱呢？"佛勒显得无可奈何的样子答道，

"可我的本钱只够做这种小生意。"

"不过，我还是劝你三思而行，把钱都投在这不赚钱的买卖上是否值得。"

"我认为，生意不在大小，在于怎样经营。刷子虽小，但每家必备，只要我经营有方，我相信我一定会成功的。"

最终，佛勒选择了制刷这个小生意，也走向了成功。

是的，世界上多数富翁都是由一无所有中跳出来的。他们原本是手空空、袋空空的一个人，但几十年后，他们的财富多得连计算机都应付不了，为什么呢？原因之一就是他们能看得起小事，从小做起。

世界闻名的大企业家摩托车大王本田宗一郎和电器大王松下幸之助有一次会面时，本田对松下说："先有一个小目标，向它挑战，把它解决之后，再集中全力向大一点的目标挑战。把它完全征服之后，再建立更大的目标，然后再向它展开强烈的攻击。这样苦苦搏斗数十年，这样辛辛苦苦从山脚下一步一步坚实而稳定地攀登，我就成为全世界的摩托大王了。"

松下说："我也是从小做生意勤勤恳恳，才奠定下现在的基础的。我常对员工们说：想从事发明必须先从身边的小发明入手，想做大事必须从身边的小事做起。"

翻一翻他们的创业史，松下是以小小的电源插头起家的，而不是价值昂贵的收录机、大彩电等家用电器，本田是以一家小小的摩托维修部起家的，而不是当初已有的摩托生产线。可"海不辞水，故能成其大；山不辞土石，故能成其高。"君欲想发家致富，在经商营利中，从小处着眼，从一点一滴做起，才能汇成财富的汪洋大海。在激烈的竞争中，经营者千万不要看不起小生意，而要善于实行积少成多，扎扎实实，埋头苦干，才能成就一番不俗的业绩。

"只要市场需要，小商品同样能做成大生意。"尼西奇股份有限公司正是基于这个出发点，选择了人们认为不起眼的"婴儿尿布"作为自己的发展方向，从而大获成功。如今，不起眼的小小尿布，已可与松下电器、丰田汽车相媲美，它的产品不仅占据日本的国内市场，而且远销西欧、非洲、大洋洲、美洲的70多个国家和地区。尼西奇没有因自己产品小，就忘却开拓世界市场，更没因为自己的产品小、利润少，就会怀疑赚不到更多的钱。在巨大的市场前它是成功者，因为它同样能够获得丰厚的利润。

参与市场竞争，更为不易的是经营者要看得起"拣芝麻"的生意，一步一步筑起自己的财富丰碑。

走向社会，看看五彩斑斓的市场，竞争之乐莫过于证券押宝。顷刻之间，便成亿万富翁；但一念之差，也便倾家荡产，甚至家破人亡。

竞争之乐，莫过于超级大亨、国王、元首，迎来送往，但要知道，不积细流无以成江海，就算通用公司、福特公司那样称霸全球的顶尖企业，亏损翻船也是常有的事。

所以，竞争之道犹如做人之道：莫以善小而不为，莫以恶小而为之。"冬瓜"虽大，然强手如林，创业者则无法抢到手，"芝麻"虽小，然愿求者寡，锲而不舍能破致富之门——积土成山，风雨能兴；积水成渊，蛟龙能生。

古往今来，靠"拣芝麻"竞争术，经营者们走出了一条又一条成功的发家之道。

图钉的商品价为每只四厘，一只图钉的生产利润只有一厘钱左右，可就凭这一厘钱的利润，浙江省一家乡镇企业1987年却获得数十万元。

张家港市东莱乡一家村办医疗器具厂，生产出口药棉棒，近年来一直供不应求。

上海市百新文化用品商店不嫌麻烦，积极经营一分钱的小商品，而且品种繁多，购买方便。顾客可以用一分钱（调价前）买3支粉笔或25根大头针，也可以买5支回形针或3只图钉等。图书卡片、复写纸、誊写纸、计算纸等也都从一张起售。这种做法吸引大量的顾客，因而也促进了相关配套产品的销售。

日本的索尼、松下等超级电气公司的市场上的激烈竞争，从没有松懈舒坦的时机，但有一些专营"拣芝麻"之类的小企业却相对轻松一些。因为大公司所抢的是几百元、几千元一类的"大冬瓜"，而对一分钱、几分钱一类的"小芝麻"无意顾及，这就使得这类市场的竞争态势相对较为平缓，发展余地也较大。如有一小企业专制造用于电器中的接线柱，占了世界总产量的60%；有一企业生产集成电路陶瓷管壳，占世界总产量的90%等。

跻身于美国超级富翁行列的森姆·沃尔顿，就是靠"一角钱的生意"发迹的。1945年，他在阿肯色州新港开设了第一座专卖"一角钱小杂货"的商店，生意兴隆。尔后，他又陆续在美国各地开设起连锁店，其中不少是"一角钱小杂货店""折旧商店"等。

上述例子，无论是外国的，还是中国市场上的，都说明"拣芝麻"是创业成功的好方法。

"大"有可为，"小"同样也有可为。经营者如果还在梦想成为老板，一心想做大生意，还不如就从小生意做起。印度大诗人泰戈尔说过："小草，你拥有你足下的土地！"小公司、小商业、小产品，经营灵活，应变力强，只要经营者能够从事繁杂的消费行为中，善于抓住消费苗头，发明、生产、销售出新颖别致、一物多用、便利的小产品，去适应和创造出新的消费需求，便可进入宽阔的疆场，拥有无限的天地。

　　莫贪大，莫轻小，经营者通过上面的事例可以看到经营小本生意、小商品也能发财。世上已有那么多有名的大亨、富豪，都是从经营小本生意开始而发迹的，你初涉商场，不妨也从小本生意做起。

稳定很重要，尝试"模仿"别人

你是否做过某些室内的装修，随后惊奇地发现你的邻居也模仿你的做法？你的邻居这样做可能使你反感，也可能使你有受到恭维之感。

如果是前者，是因为人们总希望自己的主意绝无仅有，独具特色；如果是后者，是因为你的邻居明确表示了你的主意比他长期持有的想法棋高一着。不管你喜欢不喜欢别人仿效，仿效者毕竟在承认你的智慧。

一、模仿的目的要明确

如果你打算模仿某位成功的企业家，而这位企业家的活动空间同你的经营空间不发生冲突时，那么他或许会把他获之不易的经营手法与你分享。你可以亦步亦趋地照他的方式去做，也可根据自己的想法在局部进行修改和创新，只把他的方案当作样板来参考。如果对方知道你在使用他的设计方案而乐于帮助你，你的内心会更舒适，模仿的效果也会更佳。这时你可以通过与他交流经营上的经验和小窍门，掌握更多的细节。你也可以自由自在地向他询问具有针对性的问题，征求具体的建议等。

二、不要盲目照搬

某些因素对某些仿效对象有用，却未必对你也有用，因此，模仿应该掌握一般性原则，不要把所有细节都一成不变地照搬过来。例如，仿效对象是通过其公关才干来扩大销售的，那么，你就要认真考虑他那种方法是否对你有用。你是否是一个外向乐于表达的人？你是否喜欢在大庭广众之下夸夸其谈？你要把与业务有关的一切具体细节都掌握了，然后再尝试修改为适合自身项目的方案。条件是：方案要适合你的产品及你的个性。总之，模仿别人对你有用的东西才是明智的做法，如果照搬同自己气质不协调的东西，那么就照猫画虎，得不偿失了。切记，像我者生，似我者死，这是模仿时要遵守的要点。

三、有所创新与发展

你不但需要从仿效的原型中尽可能汲取更多适用于你的知识，把这些当作改善业务的基础，最好还要加上自己的思想，逐渐将其改造为更适合自己的经营方法。即使你的模仿对象能提供十分完善的方案，你还是要设法自己去进行创新。当你感觉到加入了自己的创新想法以后，新方案比原方案有了更长足的发展时，你不妨邀请仿效对象或者有关专家来评价一下，从而获得更好的收益。

四、联系与交流

为找到一个恰当的仿效对象，你可能要花很多的工夫。你必须随处留意同自己业务相似并获得卓越成功的经营者，及时追踪在各种社交场合中得到的有关信息。假如你在与人交谈中偶然听到有人提起富有创业精神的张先生打算在某个时装及饰品展销会上展销自己公司研发出的新款首饰时，那你一定不要放弃这个机会，也不要担心别人认为你是在窥探商业秘密，你要尽可能多地询问到一些相关信息。例如，张先生是如何从创业之初做到这一步的？他的生意是否真的像大家所认为得那么成功？在这次展销会上别人可否展销商品与其竞争？你要对所得的信息提出疑问，有机会的话，不妨直接询问当事人。如果他确定像传说的那样事业有成，那么他应该深知信息互换以及建立社交网络的价值，对于你虚心求教如何开展业务的合理要求，他也会乐于接受。

财运亨通的小本经营者为数不多，但你更要付出努力去寻找他们，试图去了解他们正在做些什么而你没有做，他们有些什么有利条件而你没有。你肯定也想弄清楚你的模仿对象是否确实值得你钦佩。某些小公司的创业者是靠自身努力而拓展业务的，但是也有些人的产品之所以畅销，主要是因为此人的人际关系原因，比如配偶是商界名人，广有门路。你一定要先把这些不同的情况了解清楚，要弄清哪些企业家是依靠自身能力成功的，然后设法找到与其联系交流的途径，通过熟人介绍或自己上门拜访。

总之，你的仿效对象如果确实是那种自身拥有丰富知识和能力的成功者，那么对于你的发展肯定会有帮助。即使他们不是，那也不必沮丧，只要你自己心中有数，在仿效时适当修正也不会有大的影响。不然你完全依照他所使用的经营方法去开展业务，对自己的经营发展就会显得不够实际。比如一位企业家本身有着强大的后台令其后顾无忧，而你却没有，那你想凭借模仿他来收获成功就无异于痴人说梦了。

用悟性把握商机

世界上许多事物都会隐含着一些决定未来走向的玄机，创业也是如此。在商务实践之始，如果能对市场走向持有一种灵敏的悟性，培养一种灵动的触觉，就有可能比别人更好地解析市场。这种悟性和触觉实际上也是想要成功创业所必要的素质准备。

打个比方来说，运行的市场如同一列永不停止的列车，而每一个打算搭乘这列列车的人，要想顺利地攀爬上它，就要提前锻炼身体，必须从身体素质和精神状态上做好准备，还要了解列车到来的时间，在列车到来之前先行起跑助力，以确保列车从身边飞驰时能顺势攀缘而上。而事先对市场进行调查了解和行情预测也就是创业准备工作的题中之义。

社会上的任何一种潮流或者趋势，都是由过去一些很细微的因素积累而成的。我们现在所见到的一些特殊现象往往是未来的一个大趋势。人们若能确切地预测到未来，就能有方法去按照未来市场的需求，做好实际思想准备和物资准备，等待时机成熟时，就能更顺利地抓住机遇，成功地闯入商海，扬帆远航。

由于人们的思想观念不同，对未来和现在的观察方式也有差异。有些人凭着其以往的经验，能在事物中进行仔细入微地洞悉；而有些人对未来完全没有预感，一直处在被动的局面随波逐流，他们经常会对商机视而不见，不知不觉错失了很多机会、即使是一些企业家也概莫能外。所以形成一些企业能持久把握市场优势，而大部分企业被川流不息、变动不止的潮流淘汰的市场规律。因此，培养自己的市场触觉、掌握先机、才能在商场中获胜。

一般来说，市场预测必须配合企业内现有的情况，想做好生意要用未来市场的角度，来观察企业内的现有资源，才能在其间寻求达成制定未来目标的方案。

制定下未来理想的企业具有不断创新的力量。企业能因环境而设定目标要求管理者本身必须具有先见之明。若管理者固执守旧，沉溺于过去的成绩，只会固守现在，那就没有发展前途，没有远大的未来。做生意应以企业环境为导向，因为企业外部环境的改变，企业一定会受到影响，因为变化代表了机会，若创业者能掌握此变化的机会，就可能收获了成功的契机。若漠视了变化，企业就会失去灵活性，丧失未来商机，以致在新时代中被逐渐淘汰。

企业若要仔细捕捉市场变化契机，应先尽可能充分地搜集市场资料，并作为市场预测之用。要建立好企业必须做到两点，一个是销售预测，一个是完整的信息来源，对资料的分析是很重要的。有了这种努力，才算在经商中初步地学习到·些商海的沉浮规律。

在这一最初的程序中，预测销售是企业制订计划的首要工作，以后的一切管理和投资，都是在此基础上完成目标而制定。企业创建人应对以下的信息加以收集和整理：

1.市场功能：究竟市场有何变化？消费人士对商品的需求有何变化？市场的销售渠道有什么变化？企业在市场的占有率有多少？对现时市场的开拓手法是否有更改的需要？

2.商品功能：商品销售量和发展前景如何？顾客对商品的观感怎样？是否承认该商品，该商品的竞争商品的销售情况如何？

3.顾客功能：你的商品的主要顾客是哪一类人？顾客对商品有何意见？如何向潜在的顾客进行销售？假如要提高销量，有什么地方可供改善？

4.竞争者功能：竞争者的商品有什么特点？他们的价钱怎样？其销量怎样？他们的市场占有率有多少？

5.其他：销售情况有没有一面倒的倾向？假如有的话，原因何在？管理方面是否有不足之处？销售技巧是否需要改进？销售方法是否适当？

寻找最佳的经营方案

由于经营决策确定的是公司的总体目标，犹如树的主干，需要具体地细分才能将其变成可操作性的具体的任务。因而要实现目标就要进行目标分解。

无论作为股份公司还是个体、独资公司，决策上可以由你进行决策，但具体的任务还要依靠具体的人去完成，因此，目标分解过程要实现民主参与，将目标分解过程变成执行者理解目标的过程，因为你不想事无巨细，连端茶倒水都由自己进行。因此，上级目标是下级目标的标的，下级目标是上级目标的手段，实现目标是确定从哪些途径大有文章可做，这样做的结果，能有力地提高员工实现目标的主动性和创造性。

这一阶段是从事设计活动的阶段，也是发动员工的阶段。在这一阶段中，应当使员工的想法充分地表达出来，体现出来，使决策中含有所有员工的积极建议。

首先需要制定经营方案的标准。制定标准应适度，因为这一阶段的目的应是广泛地搜集建议，对经营方案标准的要求不能是"全优"，也不是"满意"而是"可行"。如果标准定得太高，能提出的方案数量有限，下一步选择的余地就会减少。所谓可行性方案，在解决经营问题的同时，决策目标也可以达到实现，否则既定目标将是无法实施的。凡是考虑了经营问题，考虑了经营目标，也考虑了实施条件的方案才是可行的。不可行的方案对决策没有意义，还会加重决策的负担、起到负面的作用，也就是会对企业发展形成干扰。

其次需要提供一定数量的可行方案。决策不能只有一种，而是必须有两种或两种以上的方案供选择。作出一种可行决策，没有一定数量的可行方案，缺乏比较的基础，就无法做出有价值的选择，决策的准确性就会下降。

在此阶段，只要求人们考虑思路是否正确和可行性，而不需要考虑"方案能否为人们所接受"。为了满足最后抉择的需要，最有价值的方案并不一定是十分周全的方案，而是富有创意的方案。

要想使人们提出富于创意的方案，就必须有一个有利于发表创意的环境。西方企业中经常使用的"头脑风暴法"，就是诸多方式中的一种有益的做法。这种做法是先把目标方案提前通知，大家共同商议决策，然后实行各种有效而又恰当的途径。这种方法通常需要召开会议，一次会议限定在一个小时左右，会议要求：尽量发挥大家的想象力，甚至越离奇越好；采取保留判断原则，不准反驳他人，收集建议不能只讲数量不讲质量；同时会议不要被权威所垄断，无论在公司的身份如何，讨论人员地位一律平等。这种气氛非常重要，几乎成为一种模式，在这样的一种自由气氛中，往往能收集到许多建设性的意见，从而给人们带来更多的选择方案。

必须保证可行方案的质量。在确定数量方案的同时，必须将方案质量纳入考虑。对所制定的可行方案应有基本要求，原则上说，技术上先进，经济上合理，具有可实现的操作，是衡量可行方案的基本条件。制定可行方案要做三方面的工作：首先要进行技术和经济的论证与评价，然后确定实施的步骤与条件，最后估计方案实施后会产生的影响。

在这一阶段确定最后的经营方案，是对各个方案进行全面评价之后从中选出的一个较优方案。虽然不能说一定就是完美无缺，但却是从总体上权衡利弊后所选择的相比较而言最佳的方案。

在公司运行的早期，评价与选择经营方案，不能仅考虑各个可行方案所提供的指标，更要考虑到其他可能出现的情况，并且要估计相关因素的影响。例如，决策开发一种新产品，就要考虑会不会引起市场不接受的问题；扩大销售额要采取各种措施，就要考虑所引起的竞争问题等等。

经营方案确定之后，就要组织实施。由于实施过程属于经营决策的验证阶段，根据实施的效果对经营决策还需做进一步的调整，因此实施过程属于经营决策的一个步骤。

生意兴隆七绝招

公司生意兴隆并非依靠撞大运，碰商机，而是有着固定的商业原则。归纳起来，总共有下面七个原则。它们看起来好像极为平凡，但若坚持应用，必定会让公司日渐发展壮大。

一、力求创新

只有努力创新的公司，才会有前途。墨守成规或一味模仿他人，到最后一定会失败。任何公司，都必须表现出自己的特色，才能创造出附加价值，也才能不断增加顾客。

做生意总会遭遇到困难和挫折，这就要依靠自己的能力去突破创新，不可为商品的滞销找借口，也不可因此降价出售，降低产品市场。你要拿出魄力和决断力，在创新方面寻求机会。

二、追求成长

做生意如果不追求成长，或不向更高的目标挑战的话，就无法品味出身为商人的喜悦和充实感了。

要是生意人只想混口饭吃，抱着企业发不发展都无所谓的心理，在他底下做事的人，自然也会开始散漫，得过且过。

业务的成长，通常都以营业额来衡量。要想扩大营业额，就必须加强有关的一切活动，例如销售、采购、门市、员工、资金等。

而这些强化的工作必须建立在一个完善的总体经营理念上。

三、确保合理的利润

做生意，必须获得合理的利润。你不能以贱卖的方式，去吸引顾客。你必须有更好的服务，才能获得正常的利润。

从正常的利润中，取出部分再投资到事业中去，以便长期性地为顾客提供更佳的服务以及更佳的商品。

四、以顾客为出发点

做生意要以顾客的眼光为出发点，才能让他买到他所需要的东西。顾客的价值观念，不见得跟我们的相同，何况顾客还分男女老幼。因此，我们应该设法去了解顾客的需要，然后满足他。

经营商店，必须把自己当作是替顾客采购商品，这样才能设法去了解顾客的需要。因此，了解顾客是开店的第一步。

五、倾听顾客的意见

前面提到，必须了解顾客的需要，如何做到这点呢? 最好的办法当然是倾听了。经营事业，要顺应自然，集思广益，然后才去做该做的事，必然无往不利。

如果只顾推销商品，而听不进顾客的意见，就不会受到大众欢迎。

在日常生意上，以谦虚的态度，去倾听顾客的看法，只要持之以恒，生意必定会日益兴隆。

六、掌握良机

生意的成功，系于是否能够掌握良机。平时，就要选择适当的时机，调查顾客预订购买的商品类型，以及购买时机，这样在进行产品销售时，就更加容易了。

举电器商店为例。去顾客家送货或修理，事情处理完毕后，不要扭头就走，最好再顺便查看顾客家家的电器用品是否还存在其他隐患，同时做一点简单的售后服务，这样必然会培养顾客对你的信赖感。

七、发挥特色

卖同样商品的商店遍地都是，要使顾客上门，就必须拥有自己的特色。商店的特色，好比每个人的特点，商店没有特色，就会让人感觉不值得品味。陈列的商品虽然相同，但若服务不同，则会使商品显得不同，这就是因为发挥了商店特性的关系。

商店的特色，当然要配合顾客的需要。至于如何去发挥，则要个别考虑。除了要注意地域性和开店条件，还要考虑该地区的收入水平、文化水平等等。

如果在职工集中地区，最好在星期天或假日也照常营业。必要时，甚至可以成为24小时店铺。但有时候，难免受到空间、人事、技能、资金等现实因素的限制，因此，应该先从可能事项着手，一步步去发挥特色。例如，把重点放在自己比较熟悉、较有竞争性的商品上，由较内行的员工，亲自介绍给上门的顾客，也是一种很好的办法。

其实，特色并不限于商品，其他如良好的服务，华丽的店面、诚恳的员工等，只要发挥其中一两项特点，就足以吸引顾客长久光顾了。

十四种竞争手段

竞争，是商品经济的客观要求，优胜劣汰是竞争的必然产物。私营企业，特别是中小企业，作为自主经营、自负盈亏的生产者和经营者，想要在日益激烈的市场竞争中占据优势，立于不败之地，就要掌握诀窍，而能让大家求得安稳生存发展的有十四个要诀要谨记。

一、信息处理要以快取胜

市场信息，对于经营者来讲是成功的基础。作为经营者应该善于捕捉各种信息，及时了解市场变化，当获得有价值的信息时，应当争分夺秒，立刻进行决策，及时抓住机遇，一举取得胜利。

二、决策过程以短取胜

决策，尤其是重大决策，关系到企业的兴衰。作为一个创业者，要有胆有谋，在市场飞速变化发展的今天，一旦遇到机遇，必须坚决果断，根据市场状况，及时制定出成功之策。

三、生产成本以低取胜

在竞争激烈的今天，企业必须千方百计减少自己的成本损耗，提高劳动生产率，这样才能增强公司商品的竞争能力。

四、资金周转以灵活取胜

从事生产经营，资金是必不可少的一个重要因素。有的时候你明明抓住一条可以使公司更进一步的信息，但由于手头资金缺乏，无法周转，以致丧失良机。因此作为企业家必须时时考虑如何调用自己手头有限的资金，合理分配使用，特别是如何减少资金的占用。

五、产品质量以优取胜

用户购买的商品，虽然千差万别，但有一个共同的标准，就是物美价廉。质量相同的产品人们会去买廉价的；相反，价格相同的物品人们一定会选择优质的，甚至人们会愿意以更高的价钱购买名牌产品。因此企业成功与否与产品的质量有极大的关系，企业必须不断创造生产优质的产品，才能赢得市场，赢得用户。

六、规格品种以多取胜

由于人们的收入水平、文化程度、生活习惯、欣赏层次各不相同，人们的兴趣爱好也因此千差万别。同样一个东西，有人可能喜欢正方形的，有人则可能喜欢椭圆形的；有人可能喜欢红色，而有些人则喜欢灰色。因此企业生产经营的产品，必须规格齐全，品类众多，这样才能使消费者有更多的选择余地。

七、使用功能以实用取胜

产品必须有其实用价值。对于消费者来说，购买一件物品是为了解决其实际生活中某一方面的需要，因此应尽量避免生产那些华而不实的物品。当然随着生活水平的提高，人们对消费品的要求更高了，但经济实用的产品其市场仍是最大的。

八、销售价格以廉取胜

价格是调节人们经济行为、影响市场供求关系的主要杠杆，每一个消费者都希望以最合理的价格买到称心如意的商品。因此生产经营者应坚持薄利多销的战略方针，对需求弹性大的商品尤其要采取物优价廉的竞争策略。

九、推销渠道以多取胜

商品生产出来后，是等待买主自动上门，还是主动出击迎战市场，前后两者所带来的结果是完全不同的。在对手如林、竞争激烈的条件下，必须积极开拓市场、采取各种销售方法。不能只依靠柜台销售，还要以网络和地推的形式扩大销售面，另外还可以采用刺激消费的方法等等。只有这样，才能占领广阔的销售市场。

十、服务用户要以诚取胜

企业不仅要向用户销售各种优质商品，而且要向用户提供各种优质服务。有些企业实行的三包制度，解除了用户购买商品的后顾之忧，现在的服务大战又上升了一个高度。有的名牌企业提出20年保修计划，有的则更加有气魄：如果购买他们的产品出现质量问题，不仅要换新的另外还赔偿损失。所有这一切目的只有一个，那就是让用户买得放心、用得安心，从而赢得用户的信赖。

十一、工艺技术以新奇取胜

崭新的工艺，先进的技术，是现代竞争中取胜的一个法宝。随着人们生活水平的提高，人们的欣赏水平、消费水平也在不断提高，这就给生产经营者提出了一个新的课题，也为他们提供了一个新的竞争领域。从目前市场发展看，工艺技术精细，产品质量优秀，构思新颖奇特的消费品已经赢得了越来越多的消费者，其市场前景是非常光明的。

十二、经营策略要以活取胜

面对复杂多变的市场，企业必须有较强的应变能力。作为一个经营者必须随时注意市场变化，了解市场动态和发展趋势，根据市场，在服务方向、产品经营等方面采取灵活的经营策略。另外在经营过程中，经营者还应该充分利用广告宣传。推销促销等手段来打开市场，灵活经营。

十三、管理水平要以高取胜

成功者的经验向我们表明，企业的发展，一靠技术，二靠管理。无数的实例证明，成功的经营者能够将一个濒临倒闭的企业从破产边缘用力拉回来，而一个不称职的管理者则会将一个良好发展的公司顷刻间毁于一旦。特别是我国目前高科技产品知识相对落后，生产技术产品设备相对老化的情况下，高水平的管理人才就成了企业兴败的关键。经济学家一致认为技术和管理是企业腾飞的两个翅膀，缺一不可。

十四、经济效益要以好取胜

经济效益，不仅是企业生产经营活动的直接目的，而且是企业经营水平、经济实力强弱的重要标志，任何企业，任何一个经营者都必须用尽办法使自己的公司获取最好的经济效益。

成功经营的十大规则

成功完成任何一件事情，其关键都是掌握规则，只要将规则吃透，烂熟于心，就像庖丁解牛，游刃有余。

美国零售大王沃尔顿出生在一个贫寒之家，在他求学期间，所有的费用都要依靠自己打工来赚取。

1945年退伍后，他便从小镇本顿维尔以经营零售业开始了自己的第一次创业。经过几十年锲而不舍的奋斗，他最终建立了全球规模最大的零售业企业——沃玛特百货公司。萨姆·沃尔顿也被1985年10月出版的《福布斯》杂志列为全美第一富豪。到1998年，沃尔顿家族的总资产已达480亿美元。

沃尔顿的成功，是他勤奋的结果，更是化经营之道于普通的商业运作之中的杰作。在将近50多年的时间里他始终在探索和总结经营之道，并将其运用于自己的商业实践之中。零售是如此的普通，街头巷尾随处都在零售，而沃尔顿却靠它赢得了他的辉煌和他所要的一切。在花发之年，沃尔顿将毕生的心血加以归纳总结，得出了他的十大规则，成为商界一枝盛开的奇葩。

这十大规则就是：

1.敬业。你要比所有人都更要相信这一条。要通过工作中的绝对热情克服身上的每一个缺点。我不知道你是否生来就有这种热情，但你要在后天环境中学会它，因为你需要它。如果你热爱工作，你每天就会竭尽所能的力求完美。而通过你的影响你周围的每一个人也会从你这里感染这种热情。

2.与所有同事分享你的利润，把他们视为合伙人。作为回报，他们会认为自己是公司整体的一员，最终你们将创造出超乎想象的业绩。如果你愿意，仍然可以保持对公司的控制权，但应当以合伙制的精神来扮演一个公仆式的领导角色。鼓励你的同事们持有公司的股份，将股权打折卖给他们，承诺退休后给予股票，这是让员工保持工作热情的最好方法。

3.激励你的合伙人。仅有金钱和所有权的影响是不能持续收获合伙人信心的，每天要想一些新的、较有趣的办法来鼓励你的合伙人，如设置高目标，鼓励竞争，并且进行评分。

奖励要丰厚，如果招式已变得乏味，可以进行相互得益的交流以推陈出新；让经理们互相调换工作以保持挑战性。让每个人都相互调换工作以保持挑战性。让每个人都去猜测你下一步的计策会是什么，不能让别人比你先行一步，失去主动。

4.交流沟通。尽可能地同你的合伙人进行交流，他们知道得越多，理解就越深，对事业也就越关心。一旦他们开始关心，什么困难也不能阻拦他们。如果你不信任自己的同事，不让他们知道事情的进程，他们就会知道你没有真正把他们看作合伙人。情报就是力量，你把这份力量给予你的同事后得到的益处将远远超出消息泄露给竞争对手所带来的风险。

5.感激你的同事为公司所做的每一件事。支票或股票可以收获某种忠诚，并且所有的人都喜欢某人感谢我们为之所做的工作。我们喜欢经常听到这种感谢，特别是当自己做了某项引以为豪的工作时。几句精心措辞能替代很多物品奖励、适时而真诚的感激言辞，它们不花一分钱，但却珍贵无比。

6.成功要大肆庆祝，失败则不必耿耿于怀。不要对自己过于严肃，尽量放松，这样你周围的人也会放松，充满乐趣，经常地显示激情。当一切不幸的失败时，穿上一套戏装，唱一首傻呵呵的歌曲，其他人也会跟着你一起演唱。所有这一切将比你想象到的更重要、更有趣，而且它会迷惑对手，"我们何必过于认真对待沃玛特公司的那些蹩脚乐师呢？"

7.倾听公司中每一位员工的意见，并要想方设法广开言路。第一线的员工——真正与客户进行交流的人们——才是唯一知道实际情况的，你要尽量了解他们所知道的事情。这实际上也是全面质量管理的内涵。为了在组织中下放权责，激发建设性意见，你必须倾听同事们试图告诉你的一切。

8.要做到比顾客期望的更好。如果你这样做了，他们将成为你的回头客。给予他们所需要的，并在此基础上再增加一点礼物或者感谢，让顾客知道你感激他们。妥善处理你的过失，要诚心道歉，不要找借口。第一家沃玛特商店标牌上写着一个最重要的词"保证满意"，这标牌一直竖立着，它们见证了沃尔玛自建立以来所有的变化。

9.比对手更好地控制费用。从这里你总能找到一种竞争的优势。25年以来——早在沃玛特公司成为全国最大的零售商之前——在这个行业中，沃尔玛的开支费用与销售额之比就一直位列最低。如果是高效营运，你可以犯很多不同的错误而依然能恢复元气。但如果运作效率低下，那么你可能显赫一时，最终却会败北。

10.逆流而上，另辟蹊径，藐视传统的观念。如果每个人都在走老路，而你选择一条不同寻常的路，那你就有绝对的机会。但你要做好准备，许多人会来动摇你，告诉你，你走错了路，现在回头还来得及。我猜想，在人的一生中听得最多的莫过于这样的话。

以上是一些十分平常的规则。有些人甚至会说过于简单了，但其艰难之处，即真正的挑战在于，你要不断地想出办法来执行这些规定。你不能墨守成规，因为周围的事物总在变化，若要成功，你不得不走在这些变化的前面。

十大规则在商界享有盛誉。每个步入商界有意创建一番大业的人，首先就应该了解这十大规则，并在实践中反复体会，自然就会渐入佳境，有所作为。

永远的忠告：打好创业的根基

为了提高创业的成功率，企业家们可能会通过研究市场趋势，了解客户需求和行业痛点来发现机会，还可能会进行小规模的试验，以此来确定创业的可行性。这是创业成功的关键，可视之为创业的根基。根基的扎实程度，直接决定创业顺利与否。

一、虚心地从头开始学习知识

绝大多数的经营者，特别是小公司创业者，都是从打工开始的。从打工到经商是一个很大的飞跃，打工与经商完全是两回事。打工的收入是以每月计算的，而经商者的收入，不以月计，不以年计，甚至要到退休时，才能算出成败。有一点打工者永远不可能了解，那就是不论其如何聪明，如何成功，他还是不懂怎样经商，要经商还得从头学起。

打工与经商的最大差别，是身为工人不论你如何投入，甚至独当一面，目标都只不过是做好工作，做好一件事，搞生产的搞好生产，搞财务的管理好财务，得失之心不大。

但从事经营的便不同了。整个公司的事，无论大小，都是你的事，公司一涨一落，一得一失，也是你的。小公司尤其如此，既无能干的秘书分担琐碎事务，又没有职员可供调遣，事无巨细，事必躬亲，这种工作环境，也是工人所不习惯的。所以从打工转为经商，一定要安排一段适应和学习的时期。自以为掌握了经商技巧，不认真学习而自以为是地蛮干，结果往往是一开业便困难重重，被逼着在痛苦中更辛苦地学习。

二、从一个客户做起，但不能只有一两个客户

许多小生意，都是因为有了第一个顾客而开始的。因为工作的关系，跟顾客熟络了，就凭借和这个顾客的关系另起炉灶的故事，已经发生过很多次。有时因为亲戚朋友，或者上级，以至业务上的相识需要某种产品或服务，有了这个顾客，一个新公司就成立了，一个经商者就诞生了。

其实刚创业时第一个顾客是尤为珍贵的，是事业起步的标志之一。才开始经营就有一个顾客，是不可多得的好运。事实上，有许多，基本规模不小的公司，在刚开始时就是通过做一两位顾客的生意而起步的。

不过，只有一个顾客是十分危险的事。这个顾客有什么三长两短，或人事上出现变动，你的生意便会一夜之间一去不还。

在每一个行业，每一个公司都有盛衰规律存在。如果只有一个顾客的话，小公司的命运便不可避免地为这个顾客所影响，完全处于被动的地位。主动开展业务固然不行，甚至连收缩也不可能。

况且客大欺主，仅有的一个顾客一旦成为小公司的衣食父母，小公司待之则处处唯恐招待不周，那公司将会无法再发展壮大。

一个顾客既然危险，两个顾客也不见得安全。50%的收缩也不是容易适应的事。一般来说，20%的收缩已经是公司能够承担的最大的变数，就是说要有五个顾客以上才能让公司发展处于较为安全的境地。

三、小公司宜重点突破，不宜分散经营

刚创业的经商者，一旦突然间成了事业有成的强者，除了生活行为一贯正常外，还会产生一种通病，就是以为自己已经无所不能。这时，人会产生自满情绪，不但认为自己什么工作都能干，更是做什么行业都能成功，因此可能会什么产业都想发展，将公司业务疯狂扩张。

但大公司分散经营，有它们的道理，那就是要维持增长。分散经营，可避免某一行业某一市场的起落对公司盈利的影响。投资别的公司，是使资金永远活跃的简单方法。要公司内部不断增长、不断有盈利是困难的，分散经营是解决这些困难的最好方法。

而小公司则不应该用分散经营的方式，否则本就不充裕的资金链就会产生断裂，影响企业的发展。如果真的一帆风顺的话，最自然的做法是不断扩大经营，不断渗透市场。

当市场上遇到阻力，往往就是小公司分散精力的第一个引诱，在这种情况下，小公司可直闯下去，也可绕过问题，另辟战场。许多小公司会选择后者，因为不打硬仗，看来是个较聪明的方法，殊不知，无论你如何聪明能干，步入一个新行业时，必定要重新学习，重新吸取新的知识和技巧，重新培养新的供应商和客户关系，这都需要很多的时间和精力以及其他人力物力。如果你能狠下决心，将同样多的资源投于现在的战场上，其成果未必比开辟新的战场小。

大公司有时会遇到市场衰老停滞的困境，欲进不能，但小商品市场海阔天空，距离这个困境远得很，即使处于衰退之际，只需设法降低成本以增加竞争力，改进产品，加强促销活动，也是可能逆流而上的。试想，在衰退的

环境下，开辟一条新战线，是多么可怕的一件事！

四、专门化经营，能避免大企业的巨大压迫力

现在的世界，人们对产品和服务的需求日益多样化，这就为小本生意的发展提供了广阔的天地。但是，与大公司相比，小公司无论在资金、设备方面，还是在人才、技术方面，都处于明显的劣势，如果你自不量力，盲目与大企业争夺市场，肯定会吃大亏。与大企业的雄厚财务相比，你的资本微不足道，一次亏本足以使你倾家荡产。但大企业再大，也无法一手遮天，小本生意只要充分发挥灵活多样、更新更快的特点，瞄准边角市场，见缝插针，就可能在大企业的夹缝中生存，在激烈的市场竞争中立于不败之地。

既然"边角市场"为你提供了一条生存缝隙，你应采取怎样的经营战术呢？很多成功的例子证明，专业化经营是有效的策略。

专业化的形式和内容，视企业各自的实力、经营品种、规模、特长的不同而各异，一般有以下几种形式：

（1）产品生产单一化。这种企业只生产一种产品或设立一条生产线。如日本有家叫尼西奇的公司，只生产婴儿纸尿布，已成功地占领了日本婴儿尿布市场。

（2）特色产品或服务专一化。这种企业（或商号）专门生产或销售某一类型产品，或专门提供某种特殊服务，力求产品与服务，别具特色。例如专门的"袜子商店""纽扣商店"等。

（3）产品定做专门化。这种企业专门生产顾客定做的产品，如特大码鞋子、特肥衣服等。

（4）特殊顾客专门化。这种企业专门承做一个或几个大顾客定做的产

品。在美国，就有很多企业专门为大企业生产专用的零部件。

（5）价格质量专门化。这种企业针对不同消费者阶层，或致力于低收入消费者市场，或面向高收入消费者市场，如一间特价旧书店，或一间高级西装店。

五、本小利微的小商，千万要避免意外事件发生

一失足成千古恨，这不单是交通安全或体育运动的经验，也应是经营者的座右铭。经商者特别是小商贩，受不起意外的打击，一次失足即致命。

这里不单是说火灾、工伤等意外，而且包括在毫无准备的情况下，出现周转不灵。

经商者一定要眼观六路，耳听八方，防微杜渐，防患于未然，在问题尚未发生时，或尚未成为病患之际，就把它解决掉。

财政上的问题，往往出于会计系统不完善，资料不足或不及时，的确有很多小型公司有这样的缺点，就是讨厌各种表格数字的计算整理，这样的人一定会吃不少亏。希望你早为之计，每月都整理好经营情况的数据，起码要知道哪些方面在盈利，哪些地方在亏损。

与人有关的问题，不论供应商、顾客还是职员，通常也是由于小型公司们忽略了他们，忽视了他们的需要而引起的。人的态度通常不会一下子改变，问题必定积累了一段时间才爆发。许多情况，其实明摆在我们眼前，只不过我们视而不见。

问题发生后，除了赶快解决外，更重要的是建立一个制度，以防止同样的问题再发生；并且要有一套应付同样问题的办法，以免问题一旦重演时，手忙脚乱。

判断事业成功的几个标准

当你意识到自己已经度过创业期的时候，除了高兴之外，应当冷静地全面、慎重评估：究竟是真的已经获得了阶段性的胜利，还是一种假象。以免判断失误造成严重的负面影响，就像围棋中对形势做了过于乐观的判断，导致以后应对策略的全部失误，痛失好局。

下面介绍事业形势判断的几个标准。

一、营运业务常态化

创业期一个重要的特点是业务非常态化，没有相对稳定的客户，工作人员不熟练，产品与服务基本没有定型，自己也缺乏真正的实务经验，公司营运过程是就事论事、兵来将挡、水来土掩的非常态状态。整天忙于解决各种各样的问题，以推动业务的进展，形象地说，就是没有生意也发愁，有了生意也发愁。

随着一单一单生意的完成，你与你的公司变得越来越专业，并在公司内部形成一种自然的营运系统。业务来了，犹如小河之水汇入大江，公司自然地就完成了，不再需要你像创业初期那样，亲自操作、关注、推动、实施。你的公司已经建立了自己的专业营运系统，业务已经进入一个常态过程。尽管每天都需要你的决策，但很多事情不再需要你亲自监督，有专门的岗位人员负责，你已演变成总监工的角色。这个词儿不好听，却是你逍遥的开始，你已初步获得金钱与工作的自由。人们羡慕创业者，就因为想获得自由的时间嘛。在创业期，你需要考虑的是原料向谁买，现在打个电话让供应商在什么时间过来。而公司经营稳定后你与供应商已经建立了趋向稳定的合作关系，不用每一次都与供应商讨论如何交易与作业。这是工作效率提高、业务开始稳定的一个信号。

一个简单的方法可以判断你公司的业务是否已经常态化：如果你可以通过电话指挥自己的企业正常营运，基本上也就进入了业务常态化状态。

二、客户群体相对固定

开发市场是创业期重要的工作。客户不知道你这个人与你的公司，不了解你的实际情况，与你没有过业务往来，你必须花费大量的精力与资源让客户知道你、了解你、愿意与你做生意。你与客户是一个双向选择的过程，你选择客户，客户也在选择你。随着经营时间的推移，你与客户的关系也会相对稳定下来。

判断自己是否已经有了相对固定的客户群体的方法如下：

你与客户的业务往来、结算等工作已形成常态化，并遵守一定的成文的与不成文的游戏规则。双方有一定程度的信任感，在交易过程中双方都愿意从长计议，很少采取短期行为。

在创业期，只有你的产品适销对路，客户才与你做生意。现在，好的产品，可以稳定地获取更大的利益，客户也可以得到比以往更丰厚的回报；一般的产品，随着市场大行情走，双方正常作业；产品销售情况不好时，客户也主动努力替你销售，甚至降低自己的利润或者平推（不赚钱销售），你也可以收回成本——这在创业期几乎是不可能的。

你的创业只要同时达到上述两个条件，就可以认为已经有了稳定的客户群。在实务中，稳定客户不是指你必须长期与其交往而排斥其他客户，而是客户已经接受你，并作为自己供货的途径之一。双方是朋友状态，而非婚姻状态。

三、营销策略与措施稳定

一般情况下，你已经经营一年以上，也完整度过了创业所特有的销售周期，理解了自己生意的营销特点，并根据市场与个人情况，形成了特定的营销策略与措施。这些营销策略与措施经过市场的检验，已经相对稳定下来。

在创业期，你的营销作业基本上都是摸着石头过河，一定程度上是客户与市场推动你的营销作业。例如，客户要求你什么时候提供样品、什么时候生产出货。是客户或市场在为你进行营销规划。

现在，你已经了解市场环境及相应的营销技巧，主动进行营销作业，不再是由客户推着你一步步地行走。

四、员工心态平稳，相对稳定

中国人安土重迁，一般情况下，普通员工不会随意更换工作，当然，前提是目前的工作有一定的安全感。直到现在，许多国有职工还抱着所谓的铁饭碗不放，就是因为长期的安全感由此生成的依赖性。

创业期，员工的心态和你一样，也是心情忐忑的，直接的表现就是员工不重视这份工作、轻易离职。你一定要相信劳动人民的聪明才智与群众雪亮的眼睛，他们往往比你更早意识到你的公司是否会有光明的前途，因此，当企业稳中向好时，你的员工心态平稳，比较重视这份工作，员工队伍相对稳定。

同时，寻找新的员工比创业期间容易很多，素质也提高不少。现有的员工也会主动介绍新人加入。

五、现金周转轻松

你一定会永远记住创业期间捉襟见肘的现金周转，你每天都在为维持公司的生存想方设法，甚至拆东墙、补西墙的维持其稳定。

企业度过初创期后，逐渐地，现金周转不再是很困难的事情，你基本不用再花精力在"可用资金"上，问一下财务即可。在创业期几乎不可能度过的一些资金难关，现在也可以轻松地度过。一方面，你的利润进入现金周转，增加了资金量；另一方面，供应商提供更多的商业信用，条件也更加宽松。再有，客户也很守信用，必要时也能提供一定的支持。因此，你的现金周转没有道理不轻松。

六、自己的工作重心发生较大变化

公司稳定发展后，你的工作发生了很大的变化。一般来说，你越来越成为自己公司的教练兼指导者。创业期一个重要的任务就是建立公司的框架与作业模式，一方面要开拓市场，另一方面又必须组织生产，调理公司内部关系。这时的你非常辛苦和忙碌，但这些工作是非常态工作，完成后，也就进入了正常的维持状态。

现在，市场已经成功开发，与你的公司规模十分吻合，你也没有必要再全力开发，而是维持既有市场。公司内部已经正常化，不需要你现场"指手划脚"，你只需"指点江山"。

因此，现在你已经很清闲，可以逍遥几天了，不用再作拼命三郎。

七、称谓尊重化

人的眼光都是向上的，你会发现，朋友与你的来往比以前密切很多，一些人改口称"您"。一方面，你的闲暇时间相对增多，另一方面，大家也主动邀约你见面，大家都说你事业有成了。

八、自己观念的变化

你或许已经意识到，创建自己的事业之后，一些观念逐渐发生了很大的变化。这种变化是必然的，是应该的。创业者的观念与打工族的观念当然应该有很大的差异。观念变化的范围是广泛的，不仅仅是经营管理方面，包括所有的方面，甚至对待足球赛和看电影片的感受。

人们常说，一个人的成就与个人的修养密切相关，能容纳多少，就可成就多大。随着事业的成功，心胸行为进入更高的境界，修养也必然发生变化。修养与特定的观念联系在一起，观念的改变往往领先修养的提高。思想进步，方法合适才会进步。有了回报社会的观念，才能采取相应的行动，真正采取行动，才表明修养的提高，有慈仁之心而无慈爱之行的人，是仁而不信。

外在的表现就是，人们说你这个人变了。

当你猛然意识到自己已经度过创业期之后，一定要从上述方面冷静评估，只有绝大多数方面发生了变化，你的事业才真正进入了新的发展阶段。